あなたは何を見るか

エレミヤ書講話

井田 泉

かんよう出版

目次

目　次

目次

あなたは何を見るか　―エレミヤ書講話―

一　エレミヤの召命

エレミヤ

旧約聖書の中に預言書とされるものがたくさんありますが、エレミヤ書はイザヤ書に続く預言書です。イザヤ書も長い書物ですが、エレミヤ書も大きな書物です。時代はイザヤよりも一五〇年ぐらい後になるでしょうか。少しずつお話していきたいと思います。

まずは、エレミヤ書の一番はじめを開いてみたいと思います。エレミヤ書第一章は、エレミヤの預言者としての召命物語です。

エレミヤの言葉。彼はベニヤミンの地のアナトトの祭司ヒルキヤの子であった。主の言葉が彼に臨んだのは、ユダの王、アモンの子ヨシヤの時代、その治世の第十三年のことであり、

更にユダの王、ヨシヤの子ヨヤキムの時代にも臨み、ユダの王、ヨシヤの子ゼデキヤの治世の第十一年の終わり、すなわち、その年の五月に、エルサレムの住民が捕囚となるまで続いた。（一・一〜三）

「エレミヤの言葉」と書き出して、

彼はベニヤミンの地、アナトトの祭司ヒルキヤの子であった。（一・一）

と書いてあります。エレミヤのお父さんは祭司であって、神様に仕える人であったということがはっきり分かります。ですから、おそらくエレミヤもやがては祭司になるはずの人だったと思います。しかし、エレミヤが祭司として活動したという直接の記述はないので、祭司としての任命を受けたかどうかははっきりしないのです。けれども、お父さんが祭司ですから、祭司として神様に仕えるという、そういう姿勢と信仰は、お父さんから、あるいは、もっともっと前からずっと引き継いでいたと思われます。

エレミヤが生まれ育ったのは、アナトトという村です。前の口語訳聖書ではアナトテとなっていましたが、今はアナトトと記されています。ベニヤミンの地アナトトというのが、彼と彼のお父さん、もっと先代からの土地です。アナトトは、首都エルサレムの北、四キロメートルの小さな村で、そこには祭司たちが多く住んでいたようです。

アナトトの村というのは、エレミヤに至るまでに歴史があります。そこは昔、エレミヤから数えると、何百年か前に、祭司でアビアタルという人が追放された場所なのです。

紀元前一〇〇〇年頃、ダビデという王様がおりました。ダビデ王の時代は、イスラエルが繁栄した時代とされていますが、そのダビデのあとを誰が継承するかということが非常に難しい大きな問題だったのです。それというのが、ダビデは何人もの妻を抱えたものですから、それぞれの妻からの子どもがいて、王位を継承する争いがありました。それで、アドニヤとかアブサロムとか、ダビデの息子たちの中の有力者が支持を集めて王位を継ごうとして、多くの葛藤や争いがあったのです。

最終的にダビデ王を継いで王に即位するのはソロモンです。けれども、ソロモンが即位する以前にかなりの支持を集めて、ほとんど王になりかけたのは、アドニヤというソロモンの兄でした。

ダビデとともに歩んだ重要な人々の中に、ザドクとアビアタルという二人の祭司がいました。彼らがダビデを支えていたのです。しかし、ダビデが世を去る間際、ダビデを支えてきた一人、祭司アビアタルは、アドニヤにつきました。

結局、ソロモンが王位を継承することになりましたから、アビアタルは反対派についたという

ことで、ソロモンにとっては許し難い人物になったのです。それでどうなったかというと、

ソロモン王はヨヤダの子ベナヤを送ってアドニヤを討たせたので、アドニヤは死んだ。（列王記上二・二五）

ソロモンが王になったときに、先に王になろうとしていた自分の兄であるアドニヤを殺すことになった。そのアドニヤを支持していたのが、祭司アビアタル。高齢の人でしたが、ソロモン王が、アビアタルに対してこう言うのです。「王は」とはソロモンのことです。

王はまた祭司アビアタルにこう言った。「アナトトの自分の耕地に帰るがよい。」（列王記上二・二六）

アナトトがアビアタルの故郷なのでしょう。

「お前は死に値する者だが、今日、わたしはお前に手を下すのを控える。お前は、わたしの父ダビデの前で主なる神の箱を担いだこともあり、いつも父と辛苦を共にしてくれたからだ。」（列王記上二・二六）

本当ならお前は死刑だというのです。アドニヤを支持してわたしに反対した、許し難い、アビアタルは死に値する、とソロモン王は言うのです。けれども、父のダビデのために一生懸命労苦を共にしてくれたから、死刑は免れさせてやる。祭司職は剥奪です。アビアタルは故郷に追放されました。

ソロモンはアビアタルが主の祭司であることをやめさせた。こうして主がシロでエリの家についてお告げになったことが実現した。（列王記上二・二七）

こういう経緯で、かつてダビデに仕え、ダビデのために労苦したアビアタルが祭司職を剥奪されて追放された土地、それがアナトトなのです。

ですからアナトトの村には追放されたアビアタルの、祭司としての精神が継承されていたのではないか。その辺りのことは、聖書には書かれていませんが、推測するに、こういうふうに追放されて、祭司職を剥奪されたアビアタルの精神というものが伝えられた土地、それがアナトトであって、そのアナトトで代々、祭司職を継承していたのが、エレミヤのお祖父さん、お父さん、ということになるのです。

祭司、預言者とは、「王を支えて神の言葉に従わせる者」です。イスラエルにおいては、王様は絶対ではないのです。王様というのは、神様の御心を行うために立てられる者ですから、王が神に反した場合は、その王は捨てられるのです。けれども、王様は大抵、権力を握って悪事を働きますから、預言者と王様とは対立することが多い。祭司、預言者は、王様がちゃんと神様の言葉に従って政治をするように求め支える責任がある。それが本来のイスラエルの祭司と預言者の務めです。

アビアタルは、王様を支えて神の言葉に従わせようと努力した人であり、それゆえに、ソロモンに追放されて、祭司職を剥奪された人でした。言い換えると、神様のために権力に屈しなかった祭司、アビアタルの精神が、アナトトには受け継がれていたと思えるのです。

主の言葉が臨む

さて、エレミヤは何歳ぐらいでしょうか。あるいは一〇代の後半だったかもしれません。突如として神様の言葉が臨んで、エレミヤは思いもかけず預言者にならされてしまうのです。それが紀元前六二七年、ないし六二六年といわれています。イエス様がお生まれになる六百年ちょっと前のことです。

さきほど読みましたエレミヤ書第一章の二節、三節に、

ユダの王、アモンの子ヨシヤの時代、その治世の第十三年のことであり、更にユダの王、ヨシヤの子ヨヤキムの時代にも臨み、ユダの王、ヨシヤの子ゼデキヤの治世の第十一年の終わり……（一・二〜三）

と王様の名前が出てきました。こういう王様の、こういう時代に、エレミヤに神様の言葉が臨んだ、と語られています。

預言者の言葉というのは、その時代と無関係にあるのではありません。その時代の世の中とか、政治とか、その時代の信仰のあり方とか、その時代の現実、実際の状況に対して、神様が何とおっしゃっているか、ということを伝えるのが預言者です。

ですから、当たり障りがないことを言うのではなくて、言えば当たり障りがあることを言わざるを得ない。世の中が間違っていたら、「世の中は間違っている、と神様は言われる」と言わなければならない。漠然とした抽象的なことを言っていれば楽なのですが、具体的な事柄について、具体的に言わざるを得ないことがある。そうすると、そんなつもりはなかったのに、その時代と衝突を起こしてしまうことが起こります。それが、エレミヤが経験していく事柄です。

四節から一〇節までを読んでみましょう。

4 主の言葉がわたしに臨んだ。
5「わたしはあなたを母の胎内に造る前から
あなたを知っていた。
母の胎から生まれる前に
わたしはあなたを聖別し
諸国民の預言者として立てた。」
6 わたしは言った。
「ああ、わが主なる神よ
わたしは語る言葉を知りません。
わたしは若者にすぎませんから。」
7 しかし、主はわたしに言われた。
「若者にすぎないと言ってはならない。
わたしがあなたを、だれのところへ
遣わそうとも、行って
わたしが命じることをすべて語れ。
8 彼らを恐れるな。
わたしがあなたと共にいて

必ず救い出す」と主は言われた。
9主は手を伸ばして、わたしの口に触れ
主はわたしに言われた。
「見よ、わたしはあなたの口に
わたしの言葉を授ける。
10見よ、今日、あなたに
諸国民、諸王国に対する権威をゆだねる。
抜き、壊し、滅ぼし、破壊し
あるいは建て、植えるために。」（一・四〜一〇）

いきなり四節で、

主の言葉がわたしに臨んだ。

と書かれています。エレミヤとしては、状況無視とでもいうか、全く突然のことなのです。

主の言葉がわたしに臨んだ。

この表現は二節にもありました。

神様は、いろんな仕方でわたしたちに語りかける。わたしたちのいわば内側から、いつの間にか与えられている言葉というのがあって、内側から響くということもあるし、外側から、前から、背後からといろいろあり得ると思うのです。けれども、エレミヤが経験したのは、「主の言葉がわたしに臨んだ」。思いもかけないときに、思いもかけないような仕方で、エレミヤに神様の言葉が臨んだ。そこから彼の運命が決まってしまうのです。

神が言われるには、

「わたしはあなたを母の胎内に造る前から、あなたを知っていた。」(一・五)

この言葉は、ある場合にはとてもありがたい言葉です。わたしの方がたとえ神様を知らないとしても、神様は、「あなたが存在を始めるもっと前から、わたしはあなたのことを知っていて、あなたのことを心に留めていたのだ」と言われるのですから。けれども、このときエレミヤはそのように聞いたのではありませんでした。

「母の胎から生まれる前に、わたしはあなたを聖別し、諸国民の預言者として立てた。」（一・五）

エレミヤにとっては迷惑な話です。そんなつもりは彼にはない。無理やりに神様が預言者としてあなたを聖別して立てたと言われるのです。エレミヤは非常に困惑して言いました。

「ああ、わが主なる神よ、わたしは語る言葉を知りません。わたしは若者にすぎませんから。」（一・六）

「ああ」と訳されている言葉は、ヘブライ語では、「アハーハ」という言葉です。溜息というか、呻きの言葉です。

「語る言葉を知りません。わたしは若者にすぎませんから。」（一・六）

まだ一〇代の若者で、言葉もない、知識もない、何の資格もない、そういう者に対して諸国民の預言者として立てたとか、生まれる前から選んでいたとか、そういうことを言われても、エレミヤは非常に困惑します。ところが、神様の決意は非常にはっきりしているのです。

しかし、主はわたしに言われた。「若者にすぎないと言ってはならない。わたしがあなたを、だれのところへ遣わそうとも、行って、わたしが命じることをすべて語れ。彼らを恐れるな。わたしがあなたと共にいて、必ず救い出す」と主は言われた。（一・七〜八）

弁解させてもらえないのです。「若者にすぎない」と言っているのに、「若者にすぎないと言ってはならない」と、強引に、無理やりに、ねじ伏せるようにして、神様はエレミヤを捕まえて、わたしの預言者にすると言われる。

「言葉を与えるから、誰のところへ遣わそうとも、行って、命じることをすべて語れ」「すべて語れ」と、言われる。ちょっと神様の言葉を間引いておこうとか、曖昧にしておこうとかいうことは、許されない。「言ったとおりに全部語りなさい」と、言われたのです。

「恐れるな。わたしがあなたと共にいて、必ず救い出す。」（一・八）

神はこう約束をされました。

このとき、神様は、言葉をエレミヤにかけられただけではなかった。もっと具体的にエレミヤに対して自分を現わされた。それが九節です。

主は手を伸ばして、わたしの口に触れ、主はわたしに言われた。（一・九）

聞いただけだと、聞き間違いとか、聞き忘れとかいうことで、エレミヤが逃げてはいけない。神様はエレミヤを捕まえて離さない決意ですから、神様は手を伸ばして、エレミヤの口に触れた。エレミヤの口が神様に捕まえられたのです。もう逃げようがない。彼の口に神様の手が触れて、

主はわたしに言われた。「見よ、わたしはあなたの口に、わたしの言葉を授ける。見よ、今日、あなたに、諸国民、諸王国に対する権威をゆだねる。」（一・九～一〇）

わたしの言葉をあなたの口に授ける。食べたくないなどと言わせない。問答無用で、エレミヤは、無理やり神様の言葉を口に入れられてしまうのです。エレミヤにとっては無茶苦茶な話です。

この最初の召命の出来事は、エレミヤが生涯何回も思い出す出来事で、「自分は預言者になりたくはなかった。なりたくはなかったのに、無理やりにさせされてしまって、その結果、こんな

つらい目に遭う」ということを、彼は、のちに何回も嘆きます。それが、エレミヤのまだおそらく一〇代のときの出来事だったのです。

「若いから語る言葉を知らない」と言ったら「若者だと言ってはならない」と言われ、「語る言葉はわたしがお前に与える」と言われて、口に入れられてしまった。しかもその言葉というのは一〇節の後半にあるように、

「抜き、壊し、滅ぼし、破壊し、あるいは建て、植えるために。」（一・一〇）

と言われました。神様は、新しい建設をしようと思っておられるのです。

この時代のイスラエル、神殿、祭司、預言者は、堕落状態ですので、神様は新しい神の民、神の、今でいうと教会、その神の民を造り直そうとしておられる。「建て、植えるために」。けれども、新しく建て直すために、植え直すためには、ダメになったものはいったん壊さなければならない。ですから、抜いたり、壊したり、滅ぼしたり、破壊したりすることを通して、建て、植えるという、神様のその業に、エレミヤは用いられることになるのです。

何もないところに建てるのなら、それなりにやっていけそうなのですけど、現在あるものをいったん壊さなければいけない。これがエレミヤに託された仕事でしたから、とてもつらい、苦しいものが感じられます。続きを読んでいきましょう。

あなたは何を見るか

11 主の言葉がわたしに臨んだ。
「エレミヤよ、何が見えるか。」

わたしは答えた。

「アーモンド（シャーケード）の枝が見えます。」
12 主はわたしに言われた。
「あなたの見るとおりだ。
わたしは、わたしの言葉を成し遂げようと
見張っている（ショーケード）。」
13 主の言葉が再びわたしに臨んで言われた。
「何が見えるか。」

わたしは答えた。

「煮えたぎる鍋が見えます。

北からこちらへ傾いています。」

14 主はわたしに言われた。
北から災いが襲いかかる。
この地に住む者すべてに。
15 北のすべての民とすべての国に
わたしは今、呼びかける、と主は言われる。
彼らはやって来て、エルサレムの門の前に
都をとりまく城壁と
ユダのすべての町に向かって
それぞれ王座を据える。
16 わたしは、わが民の甚だしい悪に対して
裁きを告げる。
彼らはわたしを捨て、他の神々に香をたき
手で造ったものの前にひれ伏した。（一・一一～一六）

一一節以下は、エレミヤの召命の具体的な経験を描いた箇所です。ある日、エレミヤはアナトトの村の道を歩いていた。預言者イザヤの場合は、神殿でお祈りをしていたときに神様の言葉が臨んだのですが、エレミヤの場合は彼がアナトトの村を歩いていたときのことなのです。

おそらくエレミヤは、その時代の国とか政治とか、人々のいろんな苦しい痛みとかいうことを心に留めて、つらいことや悲しいことを知りながら、この国はいったいどうなっていくのか、神様を礼拝する信仰の群れはどうなっていくのか、といったことを、ずっと悩みながら暮らしていたのだと思います。

二月の頃、冬のある日、冷たい空気の中で、エレミヤはアナトトの道を歩いていました。突然、主の言葉が彼に臨みました。

「エレミヤよ、何が見えるか。」

彼は答えました。

「アーモンド（シャーケード）の枝が見えます。」

ヘブライ語でアーモンドを「シャーケード」と言うので、「シャーケード」と書いています。歩いていたエレミヤの目に留まったのは、アーモンドの木の枝でした。そのアーモンドの枝には、おそらく花がいっぱい咲いていたのでしょう。そのアーモンドの木、枝、花を見ているうちに、心に響くものがあったのです。

何が響いたかというと、神様の言葉です。聞こえたのです。エレミヤは、アーモンドの枝を見ているときに、神様の声を聞いたのです。「シャーケード」を見ていたら、「ショーケード」という言葉が、エレミヤの心の中にくっきりと響いた。

そのときに、「ショーケード＝神様が見張っている、見つめておられる」という言葉が彼の中に響いた。自分は自分なりにこの時代の世界のこと、信仰のこと、人々の暮らしのことを、いろんなことを心に留めているのですけれども、神様が見つめておられる、見張っておられるということを、彼ははっきりと聞いたのです。

ところでここでは「何が見えるか」と訳されていますが、文字通りに訳せば「何を見るか」です。「あなたは何を見るか」――これはわたしたちに対する神様からの問いかけでもあります。

主はわたしに言われた。「あなたの見るとおりだ。わたしは、わたしの言葉を成し遂げようと見張っている（ショーケード）。」（一・一二）

この国の、その時代、信仰の民を、今でいうと教会の現実を神様は見つめながら、何かをしようとして、見張っている。神様には計画があって、その計画を実現しようとして、この今の現実を見つめている、見張っている。アーモンドの枝を見つめている中で、彼はその言葉をくっきりと聞いたのです。

神様と人の出会いというのは、実にさまざまであって、こうと決まったものではありません。エレミヤの場合は、冷たい二月のアナトトの村の道の、ふと目に留まったアーモンドの枝の中から、神様の言葉を聞いた。それが彼の預言者としての始まりです。

煮えたぎる鍋

もう一つの話が一三節にあります。今度は、エレミヤは家の中にいます。家の中のどこかというと、台所です。台所に火がおこしてあって、鍋がかかっている。火に勢いがあって、その鍋が煮えたぎってグラグラして、ものすごい勢いで鍋が動いて傾きました。その煮えたぎって傾いているその鍋の中に、エレミヤは神様の声を聞きました。

主の言葉が再びわたしに臨んで言われた。「何が見えるか。」（一・一三）

エレミヤが今、見ているのは、台所で煮えたぎる鍋です。

「煮えたぎる鍋が見えます。北からこちらへ傾いています。」（一・一三）

煮えたぎる鍋が、北からこちらへ傾いている。ちょっと不思議な表現なのですけれど、鍋がガタガタと鳴って傾いている。これは何かというと、神様が、この国の、罪、誤り、神様に対する反逆を懲らしめるために、裁きが近づいている。イスラエルの北の方から外国が押し寄せて来て、この国にやがて臨む。北から近づいてくる危機を、煮えたぎる鍋の傾きを通して神は告げられた。

彼らはやって来て、エルサレムの門の前に、都をとりまく城壁と、ユダのすべての町に向かって、それぞれ王座を据える。（一・一五）

イスラエルの王座が危うくされる事態が起こると言うのです。

わたしは、わが民の甚だしい悪に対して、裁きを告げる。（一・一六）

神様に対する反逆の結果、そういう事態が臨もうとしている。それをエレミヤは台所で知らされた。台所も神様の言葉が臨む場所になるのですね。煮えたぎる鍋を通して、エレミヤは神様の言葉を聞いたのです。

エレミヤ書第一章の終わりまで読んでみましょう。一七節から、締めくくりのようにして神様があらためてエレミヤに告げられます。

17 あなたは腰に帯を締め
立って、彼らに語れ
わたしが命じることをすべて。
彼らの前におののくな
わたし自身があなたを
彼らの前でおののかせることがないように。
18 わたしは今日、あなたをこの国全土に向けて
堅固な町とし、鉄の柱、青銅の城壁として
ユダの王やその高官たち
その祭司や国の民に立ち向かわせる。
19 彼らはあなたに戦いを挑むが
勝つことはできない。
わたしがあなたと共にいて、救い出すと
主は言われた。（一・一七〜一九）

これで一章が終わり、召命物語がこれでひとまず終わります。

エレミヤが経験したのは、「神様の言葉が臨んで、その言葉が口に入れられた」ということ、それから、「村の道を歩いていたときにアーモンドの枝を見て、そのアーモンド、『シャーケード』という言葉から、『ショーケード』神様が計画を持って、今、この現実を見つめておられるのを知った」ということ、それから「台所で、煮えたぎる鍋を見て、神様の裁きが迫っていることを知らされた」ということです。

こうしてエレミヤは、神様から強引に預言者にされてしまったのです。

今読みました一七節以下は、エレミヤに対して、神様がはっきりと命じて、また約束された言葉です。

あなたは腰に帯を締め、立って、彼らに語れ、わたしが命じることをすべて。(一・一七)

もう決意を迫られました。「腰に帯を締め」。だらっとしているのでなくて、はっきり覚悟を決めて、「立って、彼らに語れ、わたしが命じることをすべて」。またここで念を押されています。「すべて」と。

彼らの前におののくな、わたし自身があなたを、彼らの前でおののかせることがないように。（一・一七）

エレミヤ自身は、とても繊細な人です。勇敢な人ではありませんし、心の優しい、おとなしい人ですから、いきなりこんなこと言われてもどうしていいか分かりません。ところが、神様の決意は非常に固い、断固としたものです。

わたしは今日、あなたをこの国全土に向けて、堅固な町とし、鉄の柱、青銅の城壁と（する）（一・一八）

エレミヤは自分のことを、こんな頼りない人間はないと思っているにもかかわらず、神様はエレミヤを鉄の柱、青銅の城壁にしてしまうと言われるのです。

それで、何をするかというと、

ユダの王やその高官たち、その祭司や国の民に立ち向かわせる。（一・一八）

王様に立ち向かわなければいけない、王を取り巻く高官たちに立ち向かわなければいけない、と言われるのです。また信仰の指導者たち、祭司、国の民、あらゆるものを敵に回さなければいけないということです。けれども、しっかりそれができるように、お前を青銅の城壁にしてしまうと、神様は言われるのです。

彼らはあなたに戦いを挑む（一・一九）

エレミヤは自分で衝突しようと思っていたわけでないのですが、神様の言葉を語れば、衝突せざるを得ないことになる。そうするとエレミヤは一人ですが、相手は王様であるし、高官であるし、祭司であるし、力も、権力も強大。人数も大勢。巨大な勢力を持っている。そういう相手が、「彼らはあなたに戦いを挑む」。けれども彼らは、

勝つことはできない。（一・一九）

エレミヤはたった一人であると思われても、彼らはあなたに勝つことはできないのだと。

わたしがあなたと共にいて、救い出すと、主は言われた。（一・一九）

先ほど、一章八節に、

「彼らを恐れるな。わたしがあなたと共にいて、必ず救い出す」と主は言われた。（一・八）

とありました。もう一度、同じことを、神様はエレミヤに約束されたのです。

わたしがあなたと共にいて、救い出す（一・一九）

救い出すと言われる以上は、ものすごく恐ろしい中に投げ込まれるのかもしれない。けれどもエレミヤは、この神様の約束だけが頼りなのです。神様だけが頼りで、これから神様が告げるように、命じられる言葉を語っていかなければいけない。

おそらくまだ彼が一〇代のときに、こういうふうに無理やりにエレミヤは預言者として立てられてしまって、本来ならもっと穏やかに一生を過ごしていけたはずであるのに、アナトトの村の道を歩いて、アーモンドの枝を見たために、台所で煮えたぎる鍋を見たために、彼の人生は全く思いもかけない方向に転換することになりました。

鍋を煮えたぎらせているのは火です。霊が火となって燃えているのです。神様の霊の火が激しく燃えて、鍋が煮えたぎって、それが傾いている。やがて、エレミヤの中に神様の霊の火が燃えるということが起こって、その火を抑えていたいのに、抑えることができなくて、語らざるを得ないということになるのです。

二　悪と嘆き

神の愛

今日は、エレミヤが生きた時代のことについて、読んでみたいと思います。第二章以下の幾つかの箇所に触れてみます。

1 主の言葉がわたしに臨んだ。
2 行って、エルサレムの人々に呼びかけ
耳を傾けさせよ。
主はこう言われる。
わたしは、あなたの若いときの真心
花嫁のときの愛

種蒔かれぬ地、荒れ野での従順を思い起こす。
3 イスラエルは主にささげられたもの
収穫の初穂であった。
それを食べるものはみな罰せられ
災いを被った、と主は言われる。

4 ヤコブの家よ
イスラエルの家のすべての部族よ
主の言葉を聞け。
5 主はこう言われる。
お前たちの先祖は
　わたしにどんなおちどがあったので
遠く離れて行ったのか。
彼らは空しいものの後を追い
空しいものとなってしまった。
6 彼らは尋ねもしなかった。
「主はどこにおられるのか

わたしたちをエジプトの地から上らせ
あの荒野、荒涼とした、穴だらけの地
乾ききった、暗黒の地
だれひとりそこを通らず
人の住まない地に導かれた方は」と。
7 わたしは、お前たちを実り豊かな地に導き
味の良い果物を食べさせた。
ところが、お前たちはわたしの土地に入ると
そこを汚《けが》し
わたしが与えた土地を忌まわしいものに変えた。
8 祭司たちも尋ねなかった。
「主はどこにおられるのか」と。
律法を教える人たちはわたしを理解せず
指導者たちはわたしに背き
預言者たちはバアルによって預言し
助けにならぬものの後を追った。
9 それゆえ、わたしはお前たちを

あらためて告発し
また、お前たちの子孫と争うと
主は言われる。
10 キティムの島々に渡って、尋ね
ケダルに人を送って、よく調べさせ
果たして、こんなことがあったかどうか確かめよ。
11 一体、どこの国が
神々を取り替えたことがあろうか
しかも、神でないものと。
ところが、わが民はおのが栄光を
助けにならぬものと取り替えた。
12 天よ、驚け、このことを
大いに、震えおののけ、と主は言われる。
13 まことに、わが民は二つの悪を行った。
生ける水の源であるわたしを捨てて
無用の水溜《みずた》めを掘った。

水をためることのできない
こわれた水溜めを。(二・一～一三)

エレミヤ書の一つの特徴は、神様の嘆きの声が聞こえるということです。神様は無感覚、無感動、無関心な方ではなくて、感じて、愛して、嘆かれる方なのです。その神様の嘆きが鮮明に聞こえるのがエレミヤ書です。ですから、読んでいてつらいのですが、逆に言うと、ここには神様の真実の思いが現れていますので、そういうことを二章から触れてみましょう。

二章の冒頭に、

主の言葉がわたしに臨んだ。(二・一)

とあります。エレミヤが神様の声を聞くのです。

行って、エルサレムの人たちに呼びかけ、耳を傾けさせよ。(二・二)

エルサレムの人々に、行ってわたしの言葉を耳を傾けて聞くようにさせなさい、と神様が言われる。何と言われるか。

わたしは、あなたの若いときの真心、花嫁のときの愛、種蒔かれぬ地、荒れ野での従順を思い起こす。(二・二)

「あなた」というのは、神の民イスラエルのことです。神様の大事な人々。その若いときの真心を思い起こすと言われるのです。あなたの花嫁のときの愛を覚えていると。

種蒔かれぬ地、荒れ野での従順を思い起こす。(二・二)

数百年前にイスラエルの先祖がエジプトを脱出して、約束の地に向かって四〇年の旅をした。それが若いとき、花嫁のとき、荒れ野でのときです。荒れ野でも、不従順なことや反抗がいろいろあったのですが、それでも神様が言われるには、あのときはあなたの中にはわたしに対する真心があったと。花嫁のような愛がわたしに対してあったと。わたしに対して荒野では従順であったと。あなたは若いときにあれほど真心を込めてわたしを愛していたのに、あのあなたの真心は一体どこに行ってしまったのか。それが神様の呼びかけであり嘆きなのです。

イスラエルは主にささげられたもの、収穫の初穂であった。（二・三）

収穫の初穂というのは、実った中の最初のもの、最高のもの、一番大事なものです。イスラエルは主にささげられた収穫の初穂、わたしにとって大事な、最も大事なものであった。それを食べるものは皆、罰せられ災いをこうむった。イスラエルを害するものは罰を受ける。それほどわたしにとってあなた方は大事なものなのだ。けれども、今は若いときの真心を失ってしまって、わたしに背いている。どうしてこういうことになったのか、というのが神様の嘆きです。それをエレミヤは心で聞いた。聞いた神様の嘆きをエレミヤは人々に伝えた。それが二章の始まりです。

エレミヤの時代の悪

神様の嘆きの中身はどういうことであったか。はっきりした表現で言われていました。

まことに、わが民は二つの悪を行った。生ける水の源であるわたしを捨てて、無用の水溜めを掘った。水をためることのできない、こわれた水溜めを。（二・一三）

神様ご自身が命の水の源です。命の源である神様から命の水をいただいてこそ、生きていくことができるのです。そうやって生きてきたはずなのです。ところがどうしたわけか、その生ける水の源であるわたしをあなた方は捨ててしまった。命の水の源であるわたしを捨てて、勝手に無用の水溜めを掘った。でもそれは水の源とは離れた勝手な水溜めですから、水を溜めることはできないし、命の水を汲むこともできない。けれど、それをやってしまっているのが、今のイスラエル――わたしの愛する大事なわたしの民の現実だ、と神様が言われるのです。二つの悪を行った。生ける水の源であるわたしを捨てて、勝手に自分で水溜めを掘っていると。

具体的にどういうことか。神様が見ておられる現実の姿が出てきます。

お前の着物の裾には
罪のない貧しい者を殺した血が染みついている。
それは、盗みに押し入ったときに
付いたものではない。(二・三四)

罪のない貧しい者を殺した血が服に染み付いていて、殺された人の流した血を神様は見ている、と言われる。その血を神様は見ておられて、耐えることができない。罪のない貧しい人が殺されるというのは、今の社会の現実でもあります。

例えば、イラクで起こっていることはそういうことですね。なぜイラクの子どもたちが頭を割られて血を流して死ななければならないか。その子どもたちは罪のない貧しい者なのです。殺されてはいけない人が殺されて血を流している。それを神様は見つめておられる。それは盗みに押し入ったときに、付いたものではないと言われる。ただの盗み程度の悪ではない、盗みよりももっともっとひどいことが行われているではないか、と言われるのです。

それにもかかわらず
「わたしには罪がない」とか
「主の怒りはわたしから去った」とお前は言う。(二・三四～三五)

イスラエルが自己正当化をしているということです。エレミヤ書の中には、神様が嘆いておられる人間の社会の悪というのがどういうものであるかを示している言葉が幾つも出てきます。

第五章を開いてみましょう。

27 「籠を鳥で満たすように

彼らは欺き取った物で家を満たす。
こうして、彼らは強大になり富を蓄える。
28 彼らは太って、色つやもよく
その悪事には限りがない。
みなしごの訴えを取り上げず、助けもせず
貧しい者を正しく裁くこともしない。
29 これらのことを、わたしが罰せずに
いられようか、と主は言われる。
このような民に対し、わたしは必ずその悪に報いる。
30 恐ろしいこと、おぞましいことが
この国に起こっている。
31 預言者は偽りの預言をし
祭司はその手に富をかき集め
わたしの民はそれを喜んでいる。
その果てに、お前たちはどうするつもりか。」(五・二七～三一)

預言者というのは神様の言葉を伝える人ですが、同時に人の世の中の現実を見つめているのです。神様のことを伝えるというのは、人間の世界と無関係ではなくて、人間の痛ましい現実を見つめているからこそ、神様の言葉が聞こえてくるのです。

エレミヤが見つめているのは、神様が見つめておられる現実です。親を亡くした子どもたちが苦しみを訴えているけれど無視されている。貧しい者が一層ひどい目に遭っている。神様はそれに耐えられない。

これらのことを、わたしが罰せずに、いられようか、と主は言われる。（五・二九）

このような民に対し、わたしは必ずその悪に報いる。

預言者は偽りの預言をし、祭司はその手に富をかき集め、わたしの民はそれを喜んでいる。その果てに、お前たちはどうするつもりか。（五・三一）

預言者——神様の言葉を伝えるべき使命を与えられたはずの人が、偽りの預言をしている。神様と人を結び付けるべき祭司が、富をかき集めている。しかも、そういうことを喜んでいる人たちが多い。この現実を神様は放置できない。

エレミヤ書を読んでいるとつらいのですが、もう一箇所、第七章を開けてみましょう。

「しかし見よ、お前たちはこのむなしい言葉に依り頼んでいるが、それは救う力を持たない。盗み、殺し、姦淫し、偽って誓い、バアルに香をたき、知ることのなかった異教の神々に従いながら、わたしの名によって呼ばれるこの神殿に来てわたしの前に立ち、『救われた』と言うのか。」（七・八〜一〇）

やっていることは盗むこと、殺すこと、姦淫すること、偽って誓うこと。「バアル」というのは異教の神々の名前です。バアルというのは主《ぬし》という意味です。山の主とか沼の主とかありますね。その主《ぬし》という意味の言葉だそうです。

これは、キリスト教以外の宗教が、全部悪だとか、間違っているとかいうことではありません。キリスト教以外にも尊重すべき宗教はあります。けれども、宗教の中には非常な悪をなす宗教があるのです。どういうことが起こるかというと、富をかき集めたり、何十万、何百万円もする石の塔を売りつけたり、人を見捨てさせたり、人に同情することをやめさせたり、極端な場合は大事な命を自分たちの安泰のために捧げさせたりする、そういう宗教があるのです。

続きを読みますと、

わたしの名によって呼ばれるこの神殿は、おまえたちの目に強盗の巣窟と見えるのか。（七・一一）

エルサレムの神殿が強盗の巣窟になっている。こんなことをエレミヤが言うものですから、彼は迫害されます。みんなが尊重しているエルサレムの神殿を「強盗の巣窟」だと彼は神様の言葉を伝えて言った。神殿には、祭司がいて、大祭司がいて、公認の預言者がいて、それを中心に国が回っているのですから、その神殿を強盗の巣窟などと言うので、エレミヤは迫害されます。

しかし、このエレミヤの言葉は、六百年後にイエス様の中に響いていたのです。新約聖書のマルコによる福音書第一一章を開けてみましょう。同じエルサレムの神殿の話です。エレミヤがいた当時の神殿はその後、戦争で破壊されていますので、再建されて、また破壊されて、また再建されて、イエス様のときの神殿は、三番目のものです。しかし神様を礼拝する大事な神殿であることには変わりありません。

マルコによる福音書第一一章の一五節です。

それから、一行はエルサレムに来た。イエスは神殿の境内に入り、そこで売り買いしていた人々を追い出し始め、両替人の台や鳩を売る者の腰掛けをひっくり返された。また、境内を

通って物を運ぶこともお許しにならなかった。そして、人々に教えて言われた。「こう書いてあるではないか。

『わたしの家は、すべての国の人の
　祈りの家と呼ばれるべきである。』

ところが、あなたたちは
　それを強盗の巣にしてしまった。」

祭司長たちや律法学者たちはこれを聞いて、イエスをどのようにして殺そうかと謀った。群衆が皆その教えに打たれていたので、彼らはイエスを恐れたからである。夕方になると、イエスは弟子たちと都の外に出て行かれた。（マルコ一一・一五〜一九）

これはエレミヤと同じです。何も商売一般が悪いという意味ではありません。イエス様がエルサレムの神殿の中で起こっていることを許せなかったのは、人の信仰を食い物にして、人の真心を利用して、それであくどい儲けをしていることが許せなかった。さっきエレミヤが言っていましたね、「祭司はその手に富をかき集めて」と。これと同じことが、イエス様の時代に起こっていたのです。両替したり、供え物にするように鳩を売ったりというのは、それで商売人が儲けるだけではなくて、その収入のかなりの分が祭司に入るのです。商売している人たちと大祭司が、結託している。人の神様への真心を利用して、肥えて太っている祭司たち、それをイエス様は許せなかった。

「わたしの家は、すべての国の人の、祈りの家と呼ばれるべきである。」（マルコ一一・一七）

と書いてあるのに、あなたたちはそれを強盗の巣にしてしまった。イエス様が言われた「祈りの家」とはイザヤ書第五六章七節の言葉です。これにさきほどのエレミヤ書第七章一一節の言葉が重なっています。六百年前のエレミヤの言葉が、イエス様の中で鳴り響いていたのです。エレミヤが感じたのと同じことを、イエス様は感じられた。エレミヤが聞いていたのと同じ言葉を、イエス様は聞いておられた。

エレミヤがエルサレムの神殿に対して強盗の巣窟、と言ったのと同じように、イエス様も強盗の巣窟と言われたら、本当に事柄の核心を言ってくれたと喜ぶ人がいる一方で、神殿で儲けている人、立派な立場にふんぞり返っている人々は、そういうことを言うイエス様を憎みます。

祭司長たちや律法学者たちはこれを聞いて、イエスをどのようにして殺そうかと謀った。（マルコ一一・一八）

こんなことを言うイエスは生かしておけない。けれども、

群衆が皆その教えに打たれていた（マルコ一一・一八）

と書いてありますね。イエス様が神様の言葉を伝えておられるから、その教えに打たれている人たちがいる。その一方で祭司長たち、律法学者たちはイエスを殺そうとしている。イエス様は人の憎しみを買いたくはなかったのですが、人の神様に対する真実の思いを大事にしようと思われたがゆえに、こういう激しいことを言わざるを得なかった。それが憎しみを買って、どのようにして殺そうかという謀《はかりごと》が起こっていく。エレミヤとイエス様は、このようにしっかりとつながっているのです。

それではエレミヤ書に戻って、第七章をもう一言、読んでみましょう。

まことに、ユダの人々はわたしの目の前で悪を行った、と主は言われる。わたしの名によって呼ばれるこの神殿に、彼らは憎むべき物を置いてこれを汚した。彼らはベン・ヒノムの谷にトフェトの聖なる高台を築いて息子、娘を火で焼いた。このようなことをわたしは命じたこともなく、心に思い浮かべたこともない。（七・三〇〜三一）

これがこの当時の悪の絶頂です。自分の息子、娘を、バアルやモレクの神々のために焼いて捧げる、ということがあったというのです。これはすさまじい、恐ろしい、考えられないことですが、そういうことが実際に起こっていた。

世の中が不安になって、もう不安で不安でたまらないときに、何とかして自分たちの安泰を図るためには、大事なものを犠牲にしなければならない、と教える宗教があったのです。それで自分たちとこの時代の社会が救われるためには、自分の息子、娘を火に焼いて捧げるような、神様の名前を使って、考えられないような恐ろしいことが起こってしまうのです。

今でも、集団自殺をする宗教がありますね。宗教というのは、ある意味で霊が働きます。聖霊が働くか、悪霊が働くか、悪霊が働いたら考えられないようなことをやってしまう。息子、娘を火で焼いて、そこまで犠牲にするから平安を、富を、与えてください。宗教が間違ったら、そこまで行くのです。

日本の国家が日本の子どもたちを戦争にやって死なせたというのは、大事な子どもたちを火で焼いて捧げたのと同じです（さらにこれによって外国の人々のおびただしい血を流させたことは重い罪です）。同じことを、今、やりつつある、それが自衛隊の海外派遣だとわたしは思っています。

神の呼びかけ

さきほど「エレミヤの時代の悪」ということが何であったか、ということについて幾つかの言葉に触れました。「生ける水の源であるわたしを捨てた」。これが根源的な悪です。生ける水の源である神様を捨ててしまったときには、人間の悪しき思いが現実になって起こってしまう。貧しい人の血を流す、偽りを言う、盗む、危険な宗教に凝る、神殿を強盗の巣窟にする、大事な人を焼く、これがエレミヤの時代の悪です。どこかで現代と通じるところがあります。

こういう現実を神様がご覧になって、もう辛抱できなかった。何とかしてわたしの大事な、愛する神の民、わたしの子どもたちをご自分のもとに呼び返そうとされた。それが、エレミヤが伝えた神様の呼びかけです。

「立ち帰れ、イスラエルよ」と
主は言われる。
「わたしのもとに立ち帰れ。
呪うべきものをわたしの前から捨て去れ。
そうすれば、再び迷い出ることはない。」
もし、あなたが真実と公平と正義をもって

「主は生きておられる」と誓うなら
諸国の民は、あなたを通して祝福を受け
あなたを誇りとする。（四・一～二）

神様は、アブラハム以来の神様の民、イスラエルを、本来の姿に立て直そうとされたのです。本来、神の民イスラエルには大事な使命があります。大事な存在の意味があるのです。それは何かというと四章の二節にこうあります。

諸国の民は、あなたを通して祝福を受ける（四・二）

神の民を通して、神様の祝福が世界に広がっていく。神様の祝福を世界に広げていくための大事な器、それがイスラエル――神の民なのです。「真実と公平と正義を取り戻して神様のもとに戻りなさい」と、エレミヤを通して神様は呼びかけられた。世界に神の祝福を広げることが、神の民イスラエルの本来の在り方であり、使命です。それに立ち帰らせようと神様はされたのです。

これは教会も同じです。教会は神の民として集められたものですから、教会は神様の祝福を世界に広げるために存在するのです。教会さえよかったら世界はどうなってもいいのではない。教会は神様の器ですから、教会を通して神様の祝福が広がっていかなければならない。教会が教会のことしか考えないとしたら、それは神様から離れるということです。教会が、自分たち集まっている者だけがよいと思っていたら、それは教会の使命を忘れるということです。教会は、神様の祝福を広げていく使命を託されているのです。

昔、エレミヤの時代に神様がイスラエルを再建しようとされたように、今、神様は教会を再建しようとしておられる、とわたしは思います。いつの間にか教会は存在の意味を曖昧にしてしまった。教会の中に集まっている自分たちのことしか考えなくなってしまった。

そうではなくて、教会は世の中の人のためにあるのです。わたしたちを通して神様の祝福が広がっていく、そのためにわたしたちは集められているのです。命の源から離れたら、自己目的になる。教会の誤りです。そういう危険がありますから、やはり聖書の言葉を聞かなければならない。聖書の言葉を聞かなければ、神様の御心《みこころ》が分からなくなってしまいます。

エレミヤの嘆き

エレミヤは、自分は願わなかったのに、神様が見つめておられる現実を見つめてしまった。見なければ楽であったのに、見てしまった。神様の目を与えられましたから。貧しい人が流した血を彼は見つめてしまったのです。祭司が富をかき集めている、そのあくどいやり方を見てしまった。エレミヤはつらい。神様がイスラエルの人を呼び戻そうとしておられる、その声を伝えなければいけない。けれども、人の現実というのはその正反対ですから、エレミヤは世の中の現実と、神様との間に立って、苦しむしかないのです。イエス様と同じです。

エレミヤの思いを一つ、第一三章から聞いてみましょうか。

あなたたちが聞かなければ
わたしの魂は隠れた所でその傲慢に泣く。
涙が溢れ、わたしの目は涙を流す。
主の群れが捕らえられて行くからだ。（一三・一七）

あなたたちが聞かなければ（一三・一七）

聞いてくれないのです、エレミヤが神様の言葉を伝えても。

あなたたちが聞かなければ、わたしの魂は隠れた所でその傲慢に泣く。涙が溢れ、わたしの

目は涙を流す。（一三・一七）

エレミヤは泣いています。それは同時に神様が泣いておられるのです。神様の嘆きがエレミヤの嘆きになっているのです。

イザヤも、エゼキエルも、エレミヤも、昔の大預言者ですが、大預言者ということで祭り上げてはいけない。「あなたたちが聞かなければ、わたしの魂は隠れた所でその傲慢に泣く。」。これが預言者なのです。

エレミヤの魂は痛んでいます。「このわたしの嘆きと涙を誰かは共感してくれるのか」という思いがあったかもしれません。それを勝手に、預言者というのは偉いものらしい、と祭り上げてはいけない。エレミヤの涙を知ってほしい。

エレミヤの願いは、イエス様と同じです。エレミヤは泣いているのですが、こういうエレミヤの涙と嘆きと同じことが六百年後にイエス様に起こったのです。

ルカによる福音書を開けてみましょう。イエスの受難が近づいたところです。

エルサレムに近づき、都が見えたとき、イエスはその都のために泣いて、言われた。「もしこの日に、お前も平和への道をわきまえていたなら……。しかし今は、それがお前には見え

ない。やがて時が来て、敵が周りに堡塁を築き、お前を取り巻いて四方から攻め寄せ、お前とそこにいるお前の子らを地にたたきつけ、お前の中の石を残らず崩してしまうだろう。それは、神の訪れてくださる時をわきまえなかったからである。」

それから、イエスは神殿の境内に入り、そこで商売をしていた人々を追い出し始めて、彼らに言われた。「こう書いてある。

『わたしの家は、祈りの家でなければならない。』

ところが、あなたたちはそれを強盗の巣にした。」

毎日、イエスは境内で教えておられた。祭司長、律法学者、民の指導者たちは、イエスを殺そうと謀ったが、どうすることもできなかった。民衆が皆、夢中になってイエスの話に聞き入っていたからである。（ルカ一九・四一～四八）

イエス様が泣かれた、とはっきり書いてあります。

エルサレムに近づき、都が見えたとき、イエスはその都のために泣いて、言われた。「もしこの日に、お前も平和への道をわきまえていたなら……。」（ルカ一九・四一～四二）

そして四四節。

それは、神の訪れてくださる時をわきまえなかったからである。（ルカ一九・四四）

神は今、訪れてくださっているのです。神様の声がイエス様から聞こえてきて、イエス様という存在を通して、神様が今ここに訪れてきてくださっているのです。ところが、イエス様を愛して夢中になってその言葉を聞いている人々がいる一方で、イエスを殺す計画が進んでいる。それが世の中の中心を握っている人たちです。神様の訪れを拒否して、そして自ら招き寄せているのは、滅び。それをイエス様が泣かれた。エレミヤが泣いていましたが、イエス様も泣かれた。エレミヤの思いはイエス様の思いとはっきり重なっているのです。

聖霊はわたしたちを愛される神様の思いをわたしたちの中に知らせる。聖霊は、神様の思いをわたしたちの心に知らせてくださるのです。ぼんやりしている自分の感覚が、はっきりさせられる。神様の思いを感じるように、聖霊はしてくださる。そのときに、わたしたちは嘆くべきことを嘆くようになる。イエス様の嘆きや涙が、自分のことのようになってくるのです。

けれども、それで終わるのではなくて、嘆きや悲しみが多いからこそ、御心《みこころ》の実現を祈り求める者とされる。「御国《みくに》が来ますように。御心《みこころ》が天に行われるとおり地にも行われますように」と、神の意志の実現を祈り求める者にされる。聖霊がそれをさせてくださるのです。

ヨハネによる福音書第一五章二六節を見ましょう。

わたしが父のもとからあなたがたに遣わそうとしている弁護者、すなわち、父のもとから出る真理の霊が来るとき、その方がわたしについて証《あか》しをなさるはずである。（ヨハネ一五・二六）

「わたしが父のもとから……」。これは最後の晩餐《ばんさん》のときのイエス様の言葉です。最後の晩餐の言葉ですから遺言です。

わたしが父のもとからあなた方に遣わそうとしている弁護者、すなわち、父のもとから出る真理の霊が来るとき（ヨハネ一五・二六）

これは聖霊ですね、御霊《みたま》です。

真理の霊が来るとき、その方がわたしについて証しをなさるはずである。（ヨハネ一五・二

六)

真理の霊、聖霊が来られるときには、その方がわたしについて証しをなさる。わたしというのはイエス様ご自身です。わたしについて、聖霊ははっきりと分からせてくれると。証しというのは命がかかっている言葉です。自分の体とか立場とかを犠牲にしてでも、命をかけてそのことが本当にそうだ、と言うのが証しです。裁判のときに、証人というのがありますね。その証しというのは命がかかっているのです。

「その方がわたしについて証しをなさる」というのは、聖霊がイエス様についてはっきりと教え、分からせてくださるということです。

聖霊が働いてくださるときに、イエス様のことをはっきりと分からせられる。何が分かるかというと、イエス様の嘆きが分かるようになるのです。イエス様が泣かれた涙が分かるようになる。漠然とイエス様が分かるのではなくて、イエス様の痛まれた痛みを、聖霊はわたしたちに分からせてくださるのです。と同時に、そういう中で神の国が実現するように願われた、そのイエス様の願いがわたしの願いになっていく。それが、聖霊がさせてくださることです。

今日はエレミヤ書の中の、非常に暗い、つらい、悲しい嘆きの箇所を中心に読みましたが、それは、神様が人を愛されたがゆえの悲しみと嘆きでありました。そのエレミヤの願いと思いと嘆きは、イエス様にしっかりつながっていて、それはわたしたちにつながっています。

ですから、「聖霊がわたしたちの中に働いて、エレミヤとイエス様の思いと祈りと願いを、わたしたちを通して現実にしていってくださるように」——それがここから呼びかけられていることでしょう。

エレミヤの経験した嘆きや悲しみは、イエス様が経験されたことと同じだったと思います。ですから、心情的にはイエス様はエレミヤを一番親しく感じておられたのではないか、とわたしは推測しています。

三　告白　I

旧約聖書の預言者の中で、自分の心情を、一番あらわに表現したのがエレミヤです。イザヤの場合も自分の経験や思いを語るところはありますが、そんなに顕著ではないように思います。ところが、それに対してエレミヤは神様から言葉を与えられて、神様の言葉を伝える。そういう者とされた自分自身の嘆きや悲しみ、そして訴えを、非常に痛切に声にします。

特にまとまってエレミヤの自分の心情を表した箇所が、五箇所あるとされています。一つ目がエレミヤ書第一一章一八節から第一二章六節にまたがったところです。第二番目の告白が第一五章に出てきます。今日はこの二つを読んでみましょう。

告白1　故郷アナトトの人々のエレミヤ暗殺計画

まず、エレミヤの一番目の告白の部分を開いてみましょう。第一一章一八節、「エレミヤの訴え」という表題が新共同訳聖書では付いています。

18
主が知らせてくださったので
わたしは知った。
彼らが何をしているのか見せてくださった。
19
わたしは、飼いならされた小羊が
屠《ほふ》り場に引かれて行くように、何も知らなかった。
彼らはわたしに対して悪だくみをしていた。
「木をその実の盛りに滅ぼし
生ける者の地から絶とう。
彼の名が再び口にされることはない。」
20
万軍の主よ
人のはらわたと心を究め
正義をもって裁かれる主よ。
わたしに見させてください
あなたが彼らに復讐されるのを。
わたしは訴えをあなたに打ち明け

お任せします。
21それゆえ、主はこう言われる。
アナトトの人々はあなたの命をねらい
「主の名によって預言するな
我々の手にかかって死にたくなければ」と言う。
22それゆえ、万軍の主はこう言われる。
「見よ、わたしは彼らに罰を下す。
若者らは剣の餌食となり
息子、娘らは飢えて死ぬ。
23ひとりも生き残る者はない。
わたしはアナトトの人々に災いをくだす。
それは報復の年だ。」（一一・一八～二三）

ここまでがエレミヤの告白の第一とされているところです。自分の命が狙われたことをエレミヤは神様に訴えました。

主が知らせてくださったので、わたしは知った。彼らが何をしているのか見せてくださった。（一一・一八）

エレミヤは何も知らなかった。何も知らないうちに、着々と計画が進められていた。エレミヤを殺す計画です。神様が知らせてくださったので、それを知ったというのです。

わたしは、飼いならされた小羊が、屠り場に引かれて行くように、何も知らなかった。（一一・一九）

屠られる小羊が、自分が屠られることを何も知らないでそこに向かうように、自分も危ういところへ引かれつつあるということを知らなかった。

彼らはわたしに対して悪だくみをしていた。（一一・一九）

次は彼らが言っている言葉です。

「木をその実の盛りに滅ぼし、生ける者の地から絶とう」。（一一・一九）

木というのはエレミヤのことです。エレミヤは若いです。預言者として召されたのが一〇代の終わりか二〇代の初めぐらいで、それから何年経っているかはっきりしませんが、これからいよいよ働きが本格化する充実期に入っている、いわば「若木」です。

「その実りの盛りに滅ぼし、生ける者の地から絶とう。彼の名が再び口にされることはない。」（一一・一九）

エレミヤが語った言葉も、エレミヤの名前も、この地上から消してしまおう、というのです。エレミヤの存在と言葉と、エレミヤという名前自体が苦々しいものなのです。そう思っている人たちが、エレミヤを殺そうとしていた。それを神様から知らされた。

二〇節がエレミヤの神様に対する訴えです。

万軍の主よ、人のはらわたと心を究め、正義をもって裁かれる主よ。（一一・二〇）

こういう表現をエレミヤがするのは、彼が自分のはらわたがちぎれるような苦しみを味わっていたからですね。はらわたと訳されていますけれども、ヘブライ語にさかのぼってみると、腎臓というのが元の意味らしい。心というのは心臓を表す言葉です。ですから、わたしの腎臓と心臓を底の底まで知っておられる神様、と呼びかけているのです。エレミヤが自分を抹殺しようとする計画を知ったときに、人々の自分に対する憎しみと殺意が、彼のはらわたと心、腎臓と心臓をまで搾るような苦しみを彼は感じた。そういう痛みと苦しみを負って、いわば正気を失って倒れるほどの中で、神様を呼んでいるわけです。

正義をもって裁かれる主よ。（一一・二〇）

こういうことが起こっていいのでしょうか、というのがエレミヤの訴えです。

わたしに見させてください、あなたが彼らに復讐されるのを。（一一・二〇）

これはキリスト教的表現ではありませんね。あなたが復讐されるのを見させてください。神様に復讐してほしいという訴えをせずにはおれないくらいの苦しみをエレミヤは経験したのです。こういう言葉が聖書の中にあるということが、大事なのです。信仰的ではないですね、ある意味では。こういうことはクリスチャンとしては良くない言葉です。けれども、復讐を神様に求めるぐらいの人の苦しみが、はっきりと聖書の中にあることが、逆に言うと、わたしたちの救いになるのです。復讐を神様に求めるぐらいの人の苦しみを神様は知ってくださっていて、そういうことを経験した人がわたしたちの先輩にいるということなのです。こういう気持ちになることはわたしたちにもありますし、それを信仰的でないということで蓋をするのが、いいとは限らないと思います。

しかしエレミヤは自分で復讐しようというのでなくて、

わたしは訴えをあなたに打ち明け、お任せします。（一一・二〇）

神様が聞いてくださって、神様がわたしの打ち明けたことを受け取って、何とかしてくださ い、お任せしますと言うのです。

それゆえ、主はこう言われる。アナトトの人々はあなたの命を狙い、「主の名によって預言するな。我々の手にかかって死にたくなければ」と言う。（一一・二一）

このようにアナトトの人々が言っているのを神様が聞かれて、エレミヤに告げられた。アナトトの人々というのは、故郷の人々です。どこか知らない遠い所の人ではなくて、自分の出身の町の人々なのです。エレミヤ書の第一章、召命物語の冒頭を思い出しましょう。アナトトはエレミヤの出身の町です。自分の家が代々あって、自分の家族や親しい人が一緒に住んでいる町、それがアナトトです。

アナトトは、ソロモン王が即位したときに追放された祭司アビアタルとその子孫が住み着いて、代々祭司職を継いできた、そういう伝統のある町です。中央に対する反骨精神があったかもしれません。その祭司の子どもがエレミヤです。ですから、本当は何か問題が起こったとき、危ういことになったときは、故郷の人には助けてほしい、そういう町なのです。ところがその故郷の人々がエレミヤの命を狙っている。

なぜこういうことになったか、事情がありました。

紀元前七世紀、エレミヤが活動していたころの初期に、ユダの国に宗教改革が行われました。その当時の王様はヨシヤという人で、ヨシヤ王による宗教改革が行われたのです。列王記下第二二章に出てきます。

エルサレムの神殿の修理工事をやっていた。すると、昔の巻物が発見されました。読んでみると、そこには神様に背いた人々に対する神様の裁きの言葉と、それから神様が人々を立ち帰らせようとする招きの言葉とが書いてあった。

当時、ユダの国では、いろいろ困難なことが起こっていました。前にも触れましたが、国と自分たちの危険を逃れるために、自分の子どもを人身御供としてバアルの神に捧げるとか、無茶苦茶なことが行われていた。そういう時代、そういう状態を改革しなければいけない。神殿の修復工事で発見された巻物の言葉がきっかけになって、ヨシヤ王が決意して、バアル、アシュタロテ、モレクといったさまざまな神々の像とか神殿とか、そういうものを全部廃止する命令を出した。わたしたちの先祖の神、アブラハムの神様のもとに信仰上も生活上も戻ろうという宗教改革を行った。その宗教改革にエレミヤは協力しました。

ヨシヤ王による宗教改革のとき、神殿ではありませんが、神様をまつる社《やしろ》のようなものがあちこちにありました。日本でも、神社や社、祠《ほこら》といったものがたくさんあるように、至る所に神をまつる場所があったのです。ところがその神をまつって礼拝している場所が、アブラハム以来の自分たちの神様を礼拝しているのか、バアルなどの他の神々を拝んでいるのか、分からないような状態になっている。そういうものはすべて廃止するということが決定されて、それぞれの町にあった礼拝する場所を廃止することが行われたのです。

アナトトにも神を礼拝する場所があったのですが、それも廃止するという命令が出ました。礼拝はエルサレムの神殿を中心にして行うので、地方のそれぞれの礼拝所は廃止になったものですから、アナトトの人にとっては、これはけしからんということになるわけです。自分たちが代々礼拝してきた場所を廃止するということは許しがたいと。しかも、それに協力しているのが自分たちの町の出身であるエレミヤであるということで、エレミヤに対する憎しみが起こってきたのです。

そういう事情があって、ヨシヤ王の宗教改革に協力したエレミヤを、故郷のアナトトの人が憎んで殺そうとしていた。しかしエレミヤは、そんなことは夢にも思わなかった。

それで神様がエレミヤに告げられた。アナトトの人々の言葉というのはこうだと。

「主の名によって預言するな、我々の手にかかって死にたくなければ」(一一・二一)

神様の言葉を聞かされるというのは不愉快なのです。エレミヤが語る言葉は腹が立つ、預言するな、と言うのです。「我々の手にかかって死にたくなければ預言するな」。それがアナトトの人々の言っている言葉です。

これはエレミヤだけではありません。今なら、「預言者は神様の言葉を伝えてくれるから、預言者の言葉は大事に聞かなければならない」と、わたしたちは思います。けれども、その時代のエレミヤやエゼキエル、イザヤは、生身の人間がその時代の中で語っているのですから、それは神様の言葉だと聞く人もあれば、不愉快なことを言うけしからん存在だと感じる人も大勢いるわけです。

そうすると預言者の回りに支持してくれる人たちが集まると同時に、反感を持ってその預言者の口を封じようとする動きが起こってしまいます。その顕著な例がエレミヤです。イザヤはまだそれほどひどい目には遭わなかったようですが、エレミヤの場合は、エレミヤに対する反感が圧倒的多数になってしまって、故郷の人までが「死にたくないなら預言するな」と。そういう中にエレミヤは置かれたのです。

それに対して神様は厳しいことを言われます。

それゆえ、万軍の主はこう言われる。「見よ、わたしは彼らに罰を下す。」（一一・二二）

一二章は、またエレミヤの神に対する訴えの言葉です。

正しいのは、主よ、あなたです。
それでも、わたしはあなたと争い
裁きについて論じたい。
なぜ、神に逆らう者の道は栄え
欺く者は皆、安穏に過ごしているのですか。（一二・一）

神様に逆らっている者たちが、地位も力も財産もあって、栄えている。どうして神様を信じて従おうとする人々は苦しい目に遭って、神様に逆らっている人々は繁栄しているのか。それが分からない。そう神様にエレミヤは訴えているのです。
この言葉は、わたしの学生時代に、大変気になった言葉です。わたしはこの言葉でエレミヤが大好きになったのでした。二節以下も読みましょう。

あなたが彼らを植えられたので
彼らは根を張り
育って実を結んでいます。
口先ではあなたに近く
腹ではあなたから遠いのです。（一二・二）

エレミヤに反感を持っている人が表立って信仰に反対しているわけではなくて、礼拝をしている仲間のはずなのですが、腹ではあなた（神）から遠い、とエレミヤは感じてそう訴えます。

主よ、あなたはわたしをご存じです。
わたしを見て、あなたに対するわたしの心を
究められたはずです。
彼らを屠《ほふ》られる羊として引き出し

殺戮の日のために取り分けてください。（一二・三）

また復讐の言葉を言っています。さきほど一九節で、自分のことを「屠り場に引かれて行く小羊」と言っていましたね。その自分の身に起こったことを、彼らにしてくださいと言っています。四節は、またエレミヤの嘆きでしょうか。

いつまで、この地は乾き
野の青草もすべて枯れたままなのか。（一二・四）

エレミヤは枯れた野原を見ながら、人々の魂の状態をそこに見つめています。枯れている野原というのは、この時代の人々の心だ。荒廃した人々の心を、枯れた草の中に彼は見ました。

そこに住む者らの悪が
**　鳥や獣を絶やしてしまった。**
まことに、彼らは言う。
「神は我々の行く末を見てはおられない」と。（一二・四）

彼らは神を恐れず、結局こういうことを言っていると、エレミヤの心は聞きました。そのエレミヤの訴えに対して、神様がやがて応えて言われたのが、五節、六節の言葉です。

あなたが徒歩で行く者と競っても疲れるなら
どうして馬で行く者と争えようか。
平穏な地でだけ、安んじていられるのなら
ヨルダンの森林ではどうするのか。（一二・五）

神様は、この時のエレミヤに対して、まったく優しくありません。エレミヤが、こんな死ぬ思いをして訴えたのに、神様は、「今、おまえは徒歩で行く者と争って疲れている状態だけれども、あなたがこれから経験しなければならないのは、馬で行くような、もっと力のある、もっと恐ろしい者を相手にすることだ。今の程度で疲れていたら、この先どうするのか」と。

平穏な地でだけ、安んじていられるのなら、ヨルダンの森林ではどうするのか。（一二・五）

ヨルダンの森林では何が起こるか分からない。

あなたの兄弟や父の家の人々
彼らでさえあなたを欺き
彼らでさえあなたの背後で徒党を組んでいる。
彼らを信じるな
彼らが好意を示して話しかけても。（一二・六）

神様はエレミヤのことを十分お知りになっている。兄弟、父の家の人々が徒党を組んで、エレミヤを亡き者にしようとしている。彼らを信じるなと言われたのです。これが、エレミヤの告白の第一の部分です。

告白２　かつての喜ばしい経験と今の苦しみ

では、第二番目の告白を読んでみましょう。

第一五章の一〇節から二一節、「エレミヤの苦しみと神の支え」と表題が付いています。

10 **ああ、わたしは災いだ。**
わが母よ、どうしてわたしを産んだのか。

国中でわたしは争いの絶えぬ男
いさかいの絶えぬ男とされている。
わたしはだれの債権者になったこともだれの債務者になったこともないのに
だれもがわたしを呪う。
11 主よ、わたしは敵対する者のためにも
　幸いを願い
彼らに災いや苦しみの襲うとき
あなたに執り成しをしたではありませんか。
12 鉄は砕かれるだろうか
北からの鉄と青銅は。
13 わたしはお前の富と宝を
お前のあらゆる罪の報いとして
至るところで、敵の奪うにまかせる。
14 また、お前を敵の奴隷とし

お前の知らない国に行かせる。
わたしの怒りによって火が点じられ
お前たちに対して燃え続ける。

15あなたはご存じのはずです。
主よ、わたしを思い起こし、わたしを顧み
わたしを迫害する者に復讐してください。
いつまでも怒りを抑えて
わたしが取り去られるようなことが
　ないようにしてください。
わたしがあなたのゆえに
辱めに耐えているのを知ってください。
16あなたの御言葉《みことば》が見いだされたとき
わたしはそれをむさぼり食べました。
あなたの御言葉は、わたしのものとなり
わたしの心は喜び躍りました。
万軍の神、主よ。

わたしはあなたの御名《みな》をもって
　呼ばれている者です。

17 わたしは笑い戯れる者と共に座って楽しむことなく
御手に捕らえられ、独りで座っていました。
あなたはわたしを憤りで満たされました。
18 なぜ、わたしの痛みはやむことなく
わたしの傷は重くて、いえないのですか。
あなたはわたしを裏切り
当てにならない流れのようになられました。

19 それに対して、主はこう言われた。
「あなたが帰ろうとするなら
わたしのもとに帰らせ
わたしの前に立たせよう。
もし、あなたが軽率に言葉を吐かず
熟慮して語るなら

わたしはあなたを、わたしの口とする。
あなたが彼らの所に帰るのではない。
彼らこそあなたのもとに帰るのだ。
20 この民に対して
わたしはあなたを堅固な青銅の城壁とする。
彼らはあなたに戦いを挑むが
勝つことはできない。
わたしがあなたと共にいて助け
あなたを救い出す、と主は言われる。
21 わたしはあなたを悪人の手から救い出し
強暴な者の手から解き放つ」。（一五・一〇〜二一）

ここでは現在のことを訴えると同時に、以前エレミヤが経験したことにも触れて思い出している言葉も出てきます。一〇節から見てみましょう。

ああ、わたしは災いだ。わが母よ、どうしてわたしを産んだのか。（一五・一〇）

自分が生まれたことを嘆く。生まれなければよかったと言うのです。

国中でわたしは争いの絶えぬ男、いさかいの絶えぬ男とされている。（一五・一〇）

エレミヤがそこにいて何かを言うと、争いが起こる。エレミヤは争いを起こしたくてそうしているわけではないのですが、エレミヤが伝えるように求められた神様の言葉を伝えると、反発と反感を引き起こしてしまうのです。エレミヤは望まなかったのに、エレミヤの行く所には争いが起こる。エレミヤが来るたびに、エレミヤが現れるたびに争いが起こり、諍《いさかい》いが絶えない。そういうふうにレッテルを貼られたのです。

わたしはだれの債権者になったことも、だれの債務者になったこともないのに、だれもがわたしを呪う。（一五・一〇）

みんなから自分が呪われるというところまで事態が来た。エレミヤは訴えます。

主よ、わたしは敵対する者のためにも、幸いを願い、彼らに災いや苦しみの襲うとき、あなたに執り成しをしたではありませんか。（一五・一一）

敵対する者のためにも幸いを願い、反対する人々が災いや苦しみを経験するときに、その人たちのために執り成しの祈りをしてきた。それなのに、争いの絶えない男とされて、誰もがわたしを呪う。エレミヤは嘆きつつ神に訴えます。

あなたはご存じのはずです（一五・一五）

神様に向かってエレミヤが言います。信仰生活の一生の中には、こういうことがあるのではないかと思います。誰も理解してくれないとしても、神様は知っておられるはずだと。あなたは知っておられます。もう、そこしか行く所がない。

主よ、わたしを思い起こし、わたしを顧み、わたしを迫害する者に復讐してください。いつまでも怒りを抑えて、わたしが取り去られるようなことが、ないようにしてください。（一五・一五）

アナトトの人たちの計画は失敗に終わってエレミヤは殺されなかったのですが、同様の計画は何回も起こってきます。こんなままで神様が黙って怒りを抑えておられる間に、わたしは取り去られて死んでしまうと言っているのですね。

わたしがあなたのゆえに、辱めに耐えているのを知ってください。（一五・一五）

わたしがこんなに苦しい目に遭っているのは、神様のせいではありませんか。自分の利益のためではなくて、神様に聞き従って、神様が命じられたことを伝えたがゆえに、辱めを受けて耐えているのを知ってくださいと、エレミヤは訴えます。

一六節は、エレミヤが、自分が預言者として召された始まりのころを思い出している回想のような言葉です。

あなたの御言葉が見いだされたとき、わたしはそれをむさぼり食べました。（一五・一六）

エレミヤは神の言葉に飢えていたのです。ほかのものによっては満たされない飢えを、彼は感じていたのでしょう。「神様の言葉が見いだされたとき」、これは控えめな表現ですね。「それをむさぼり食べた。」

あなたの御言葉は、わたしのものとなり、わたしの心は喜び躍りました。（一五・一六）

これが、エレミヤが預言者とされたころの喜びの体験です。

あなたの御言葉が見いだされたとき、わたしはそれをむさぼり食べました。あなたの御言葉はわたしのものとなり、わたしの心は喜び躍りました。（一五・一六）

エレミヤは神の言葉をむさぼり食べて、彼の心は躍るほどの喜びを経験しました。

神の言葉は、初めから自分の中に持っていたものではありません。それが「見いだされたとき」と言っているように、いわば、外から、神様から、与えられたものなのです。自分の中にあったのではなくて、示されて、与えられて、発見して、そして食べた。それが神の言葉です。話が飛躍しますが、自分の中をどれだけ見つめても、救いはないです。これはわたしの確信です。自分をどれだけ深めても、そこには救いはない。救いは神様から来るのです。自分の中から来るのではなくて、見いだされたあなたの御言葉。自分の外から、神様から、救いは来るのです。これはわたしの学生時代の苦闘の結論です。

エレミヤに戻りましょう。

外から、神様から与えられた言葉。それを受けて、エレミヤは食べました。むさぼるように食べたと彼は言っています。食べ物に例えているとおり、食べた神の御言葉はエレミヤの中で自分の血肉になる。自分の命になるのです。パンと一緒ですね。パンを食べると、それはどこかにかすんでしまうものではなくて、自分の血肉になる。

神の言葉も同じなのです。いわば、外から与えられるのですが、それが自分の中に入って自分の血肉になる。これが神の言葉です。パンと同じように、それなしには生き得ないもの。ですから自分のうちに初めからあったものではなくて、外から、神様から与えられた。自分のものではなかったものですけれど、しかしそれが自分のものになるのです。それが神様の言葉。エレミヤに起こったのはそういうことです。

これはわたしたちにとっても同じであって、神の言葉というのは、自分の中に初めから持っているわけではないのです。けれども、それを与えられて、それが自分の血肉になる。自分のものになる。自分を生かすものになる。それが神の言葉です。

一六節はエレミヤが預言者として召されたころに神の言葉をいただいて、それがどんなにうれしかったか、力強かったか、それによっていかに命が生きて溢れたか、という喜びの回想です。

ところが、今はどういうことになっているかというのが一七節以下です。

わたしは笑い戯れるものと共に座って楽しむことなく、御手に捕らえられ、独りで座っていました。あなたはわたしを憤りで満たされました。（一五・一七）

笑って戯れている人と一緒に楽しむことができない。孤独です。御手に捕らえられて独りで座っていた。

なぜ、わたしの痛みはやむことなく、わたしの傷は重くて、いえないのですか。あなたはわたしを裏切り、当てにならない流れのようになられました。（一五・一八）

エレミヤは神様を責めているのです。神様に対して不満を述べています。「当てにならない流れのようだ」と。

これは「ワジ」というものです。季節が雨期になると、ザーッと雨が降って、溜ってそこに川ができる。けれど、乾期になると川がなくなってしまう、消えたり、現われたりする川です。それでエレミヤは、傷ついて、渇いて、神様という水の流れの源に帰って、自分が癒やされることを願ったのです。神様という流れの中に口を浸して、その水を飲んで渇きを癒やしたいと思った。

ところが神様のところに帰ったはずなのに、「当てにならない流れ」。水があると期待していたのに、行ってみたらそこには水がない。干上がってしまっている。神様のわたしに対する態度はそれと同じだ、とエレミヤは神様に不満を言っているのです。「水があることを期待させておいて、流れてないではないか」と。

神様が応えてくださらない。枯れた川のように沈黙しておられる。そういう時期がある程度長く続いたのではないでしょうか。

やがて、神様が口を開いて応答される。それが一九節です。

それに対して、主はこう言われた。「あなたが帰ろうとするなら、わたしのもとに帰らせ、わたしの前に立たせよう。もし、あなたが軽率に言葉を吐かず、熟慮して語るなら、わたしはあなたを、わたしの口とする。あなたが彼らの所に帰るのではない。彼らこそあなたのもとに帰るのだ」。（一五・一九）

エレミヤは、「神様の所に戻ったのに、水が流れていない。いんちきな川です」と、神様のことを罵った。神様がそれに対して、

「あなたが帰る気があるなら、わたしのもとにあなたを帰らせよう」と。「帰ろうとするなら」。

こういう神様の言い方は、本気でそうするかどうかの真剣さを問うておられる言葉です。「あなたが求めるなら、帰ろうとするなら、わたしのもとに帰らせ、わたしの前に立たせよう。」帰ると言うなら、はっきりと決意して、わたしのもとに帰りなさいと。中途半端なところで、ふらふらしてはいけないということでしょう。その次の神様の言葉が厳しい。

あなたが軽率に言葉を吐かず（一五・一九）

エレミヤは訴えるのですが、その言葉は軽率だと言われます。

熟慮して語るなら、わたしはあなたを、わたしの口とする。（一五・一九）

これはエレミヤが預言者として立てられて数年間を過ごしてきた、その原点にもう一回立ち戻らせるということです。

「わたしはあなたを、わたしの口とする。」そもそも、このことのためにエレミヤは召されたのですから、もう一回そこに立たせる。わたしの口として、あなたをもう一回任命する、と神は言われるのです。そのときに大事なことは、

あなたが彼らの所に帰るのではない。彼らこそあなたのもとに帰るのだ（一五・一九）

ここが難しいのです。

エレミヤは、はっきりしたことを言わざるを得なかった。曖昧に言っていたら、衝突や諍いや反感は起こらなかったのですが、あまりにもはっきり言うものですから、反感を買い、ついには、エレミヤを抹殺しようとする動きがあらわになった。その中でエレミヤも苦しんで迷うのです。ある程度妥協しなければいけないのか。状況に応じて相応しいやり方があるのか。

しかし神様から離れてしまっている人たちの所に帰るということは許されない。「彼らこそがあなたのもとに帰るのだ」。中途半端に妥協して間違った人々に自分を合わせてしまうのではなくて、あの人々をあなたの所に帰らせなければいけない。そうエレミヤは神様から聞かされたのです。

それで、神様の応答の締めくくりです。二〇節、

この民に対して、わたしはあなたを堅固な青銅の城壁とする。彼らはあなたに戦いを挑むが、勝つことはできない。わたしがあなたと共にいて助け、あなたを救い出す、と主は言われる。わたしはあなたを悪人の手から救い出し、強暴な者の手から解き放つ。（一五・二〇

〜二一〜

これが神様の締めくくりの言葉です。ここでエレミヤが聞いた言葉は、彼が預言者としての召命を受けたときに聞いた言葉と同じです。

第一章をもう一回見てみましょうか。

わたしは今日、あなたをこの国全土に向けて、堅固な町とし、鉄の柱、青銅の城壁として、ユダの王やその高官たち、その祭司や国の民に立ち向かわせる。（一・一八）

あなたを堅固な青銅の城壁とする。これはエレミヤが預言者として立てられたときに、神様から与えられた約束の言葉でしたが、数年間の苦しみと活動と嘆きの中で、エレミヤは、もう一度最初の約束をここで聞かされたのです。あなたを青銅の城壁のように堅固なものにする、と。わたしがあなたにそうするのだ、と。

最初にエレミヤがこの言葉を聞いたときは、まだ経験してないことですから、それはまだ将来の分からないことだったのです。けれども、アナトトの故郷の人々に殺されそうになって、預言するなと言われて、そのことで傷を深く負っても、神様は応えてくださらない。

やっと神様が口を開いて応答してくださった。そういう経験を経て、最初に聞いた神の約束の言葉を、もう一回、今度ははっきりと、重荷を負って生きている中で、彼は聞かされたのです。エレミヤ書の第一章の終わりはこうでした。

彼らはあなたに戦いを挑むが、勝つことはできない。わたしがあなたと共にいて、救い出すと、主は言われた。(一・一九)

それと同じ言葉が、一五章の二〇節の三行目に出てきます。

彼らはあなたに戦いを挑むが、勝つことはできない。わたしがあなたと共にいて助け、あなたを救い出す、と主は言われる。(一五・二〇)

かつては言葉だけで聞いていたことを、今は現実の中で聞かされている。神様の約束の言葉を、現実の中で確認を受けたのです。

わたしはあなたを悪人の手から救い出し、強暴な者の手から解き放つ。(一五・二一)

かつては具体的には知らなかったことを、今は現実に経験している中で、この救いの約束を確認された。

こういうことを経て、エレミヤに何が起こったかというと、エレミヤの預言者としての再建が行われたのです。この数年間を預言者として生きてきて、倒れる状態になってしまった。もう破れ果てた。そういう中で、エレミヤは召命のときの言葉をもう一回はっきりと確認させられて、立ち直らされ、預言者として再建され、再出発をさせられた。それが二番目のエレミヤの告白に対して、神様がなさったことでした。

四　告白　Ⅱ

告白3　あなたこそわが避け所

今日はエレミヤ書の四回目です。エレミヤの告白からエレミヤとイエス様のつながりを探ってみたいと思います。エレミヤ書は、物語部分・出来事を書いた部分と、エレミヤ自身の思いや祈りや訴えを記した部分が重なりあうように出てきますが、今日は第一七章の一四節以下を、まず読んでみましょう。

エレミヤの告白の三つ目です。「エレミヤの嘆き」という表題があります。

14 **主よ、あなたがいやしてくださるなら**
わたしはいやされます。
あなたが救ってくださるなら

わたしは救われます。
あなたをこそ、わたしはたたえます。
15 御覧ください。彼らはわたしに言います。
「主の言葉はどこへ行ってしまったのか。
それを実現させるがよい」と。
16 わたしは、災いが速やかに来るよう
あなたに求めたことはありません。
痛手の日を望んだこともありません。
あなたはよくご存じです。
わたしの唇から出たことは
あなたの御前《みまえ》にあります。
17 わたしを滅ぼす者とならないでください。
災いの日に、あなたこそわが避け所です。
18 わたしを迫害する者が辱めを受け
わたしは辱めを受けないようにしてください。
彼らを恐れさせ
わたしを恐れさせないでください。

災いの日を彼らに臨ませ
彼らをどこまでも打ち砕いてください。（一七・一四～一八）

ここまでが、告白の三番目です。エレミヤが神の言葉を伝えたがゆえに、人々に憎まれて、命を狙われるようなこともあって、彼は心も体も傷つきました。深い傷を負ったエレミヤが祈っています。

主よ、あなたがいやしてくださるなら、わたしはいやされます。（一七・一四）

こういう言葉の中に、通常の休息とか、薬とかでは癒されないほどの深い傷を負った、彼の思いが込められています。しばらく休めば回復する程度ではなかった。「主よ、あなたがいやしてくださるなら、わたしはいやされます」。言い換えれば、あなたが、神様が癒してくださらない限りは、わたしは癒されないと言っているのです。

彼は、人々から憎しみに満ちた言葉を投げつけられてきました。預言者は、将来のことを預言するだけではなく、現在のことも、過去のことも、将来のことも含めて、神様から言葉を託されれば、そのすべてを伝えるのです。

けれども、預言者エレミヤに敵対する人々は、何かあればエレミヤに難癖をつけようと思って、待ち構えています。「エレミヤはこう言った。しかし言った言葉通りにならないではないか」というわけなのです。

例えばエレミヤが、「このままでいたら、非常に悪いことが起こってしまう。北の方から外国が押し寄せてきて、われわれの国は踏みにじられてしまう」(一・一四〜一五参照)と言った。ところが外国が攻め込んで来ないとなると、

「主の言葉はどこへ行ってしまったのか。それを実現させるがよい」と。(一七・一五)

お前が言ったことはちっとも起こらないではないか、と言ってエレミヤを皮肉り、エレミヤの言葉を偽りであるとする。エレミヤはそういう言葉を聞いてとても苦しいのです。

わたしは、災いが速やかに来るよう、あなたに求めたことはありません。(一七・一六)

エレミヤは、このまま堕落した状態が続けば、必ず神の裁きが来ると預言しました。しかし、それは何もみんなに災いが来るように願ってそう言ったのではなくて、神様のもとにみんなを引き寄せようとして、呼び戻そうとして言ったのです。

痛手の日を望んだこともありません。あなたはよくご存じです。わたしの唇から出たことは、あなたの御前にあります。わたしを滅ぼす者とならないでください。災いの日に、あなたこそわが避け所です。（一七・一六〜一七）

「あなたこそ」と神様に向かって言っています。神様だけが、神様こそがわたしの避け所です。エレミヤの告白の中の大事な言葉です。

そのあと、エレミヤは怒りに耐えかねて、自分を憎んで滅ぼそうとしてきた人々に対する復讐の思いを声にします。

彼らを恐れさせ、わたしを恐れさせないでください。災いの日を彼らに臨ませ、彼らをどこまでも打ち砕いてください。（一七・一八）

エレミヤも人間ですから、いつも自分を押さえているわけにはいかない。復讐の言葉をここでは漏らすのです。これがエレミヤの告白といわれる三つ目のまとまりの言葉です。

告白4　計略

エレミヤの告白の四つ目、次の章に進みます。第一八章一八節から章の終わりまでです。

18彼らは言う。「我々はエレミヤに対して計略をめぐらそう。祭司から律法が、賢者から助言が、預言者から御言葉が失われることはない。舌をもって彼を打とう。彼の告げる言葉には全く耳を傾けまい。」
19主よ、わたしに耳を傾け
わたしと争う者の声を聞いてください。
20悪をもって善に報いてもよいでしょうか。
彼らはわたしの命を奪おうとして
落とし穴を掘りました。
御前にわたしが立ち、彼らをかばい
あなたの怒りをなだめようとしたことを
御心に留めてください。
21彼らの子らを飢饉に遭わせ
彼らを剣《つるぎ》に渡してください。

妻は子を失い、やもめとなり
夫は殺戮され
若者は戦いで剣に打たれますように。
22 突然、彼らに一団の略奪者を
　襲いかからせてください。
彼らの家から叫ぶ声が聞こえるように。
彼らはわたしを捕らえようと落とし穴を掘り
足もとに罠を仕掛けました。
23 主よ、あなたはご存じです。
わたしを殺そうとする彼らの策略を。
どうか彼らの悪を赦さず
罪を御前から消し去らないでください。
彼らが御前に倒されるよう
御怒《みいか》りのときに彼らをあしらってください。（一八・一八～二三）

エレミヤを捕らえて沈黙させよう、沈黙しなければ殺してしまおう、という計略が進められています。

「祭司から律法が、賢者から助言が、預言者から御言葉が失われることはない。」(一八・一八)

というのは、エレミヤを亡き者にしようとしている人たちの言葉です。何かというと、エレミヤだけが神様の言葉を語っているはずがない。我々には祭司がいるし、賢者がいるし、預言者もいるではないか。エレミヤはあんなことを言っているけれども、我々の側には祭司も賢者も預言者もいる。

この預言者が曲者なのです。耳に都合のいいようなことを言う、国家公認の預言者です。エレミヤが言うことは耳に痛いことですから、「エレミヤだけが神の言葉を語っているのではない。我々にも賢者も預言者がいる」と人々は言っているわけです。

「舌をもって彼を打とう。彼の告げる言葉には全く耳を傾けまい。」(一八・一八)

頑なになった人々の心はこうなってしまうのですね。

エレミヤはそういう中で神様を呼びます。

主よ、わたしに耳を傾け、わたしと争う者の声を聞いてください。（一八・一九）

人はわたしの声を聞きませんから、神様は聞いてください。

悪をもって善に報いてもよいでしょうか。彼らはわたしの命を奪おうとして、落とし穴を掘りました。（一八・二〇）

これは、イエス様が経験されたことと同じです。敵対者たちは、イエス様の前に落とし穴を掘って、口実をもうけ言葉尻をとらえて、イエス様を捕まえようとした。エレミヤが経験したことは、イエス様が経験されたことと同じです。

「彼の告げる言葉には、全く耳を傾けまい。」（一八・一八）

と言ったのが、イエス様の時代の律法学者、ファリサイ派、大祭司とその周りの人々でした。エレミヤが経験したことは六百年後にイエス様が経験されたことなのです。

エレミヤは自分が受けてきた迫害に耐えかねて、復讐を神様に求めます。

彼らの子らを飢饉に遭わせ、彼らを剣に渡してください。妻は子を失い、やもめとなり、夫は殺戮され、若者は戦いで剣に打たれますように。（一八・二一）

聖書にこういう言葉が出てくるのは意外かもしれません。しかも預言者が、こんなことを、人を呪う言葉を、発しているのです。

わたしたちは、ある種の一般的な信仰的良識を持っています。ですから、こういうことを言ってはいけない、考えてはいけないと思うところがあります。けれども、預言者エレミヤが自分の経験した、あまりの苦しみ、あまりの理不尽の中で、ここまで言わざるを得なかったという、彼の心情を受け止めることが大事なのです。

イエス様はこのようなことは言われませんが、エレミヤはこう言わざるを得なかった。イエス様は、エレミヤの、人を憎んで、復讐して、呪うほどの思いを、分かっておられた。単に、人を憎んだり、復讐の思いを持ったりしてはいけない、という教えだけでおられたのではなくて、ここまで叫ばざるを得なかった人々の思いを、イエス様は、しっかりとご自分の中で受け止めておられた、それが大事なのです。

告白５　火のような主の言葉

最後の第五の告白を見ましょう。第二〇章七節から章の終わりまでです。「エレミヤの告白」と表題がついています。

７主よ、あなたがわたしを惑わし
わたしは惑わされて
　あなたに捕らえられました。
あなたの勝ちです。
わたしは一日中、笑い者にされ
人が皆、わたしを嘲ります。
８わたしが語ろうとすれば、それは嘆きとなり、
「不法だ、暴力だ」と叫ばずにはいられません。
主の言葉のゆえに、わたしは一日中
恥とそしりを受けねばなりません。
９主の名を口にすまい
もうその名によって語るまい、と思っても

主の言葉は、わたしの心の中
　骨の中に閉じ込められて
火のように燃え上がります。
押さえつけておこうとして
　わたしは疲れ果てました。
わたしの負けです。

10 わたしには聞こえています
多くの人の非難が。
「恐怖が四方から迫る」と彼らは言う。
「共に彼を弾劾しよう」と。
わたしの味方だった者も皆
わたしがつまずくのを待ち構えている。
「彼は惑わされて
我々は勝つことができる。
彼に復讐してやろう」と。

11 しかし主は、恐るべき勇士として
わたしと共にいます。
それゆえ、わたしを迫害する者はつまずき
勝つことを得ず、成功することなく
　甚だしく辱めを受ける。
それは忘れられることのない
　とこしえの恥辱である。
12 万軍の主よ
正義をもって人のはらわたと心を究め
　見抜かれる方よ。
わたしに見させてください
あなたが彼らに復讐されるのを。
わたしの訴えをあなたに打ち明け
お任せします。
13 主に向かって歌い、主を賛美せよ。
主は貧しい人の魂を

悪事を謀《はか》る者の手から助け出される。
14 呪われよ、わたしの生まれた日は。
母がわたしを産んだ日は祝福されてはならない。
15 呪われよ、父に良い知らせをもたらし
あなたに男の子が生まれたと言って
大いに喜ばせた人は。
16 その人は、憐れみを受けることなく
主に滅ぼされる町のように
朝には助けを求める叫びを聞き
昼には鬨《とき》の声を聞くであろう。
17 その日は、わたしを母の胎内で殺さず
母をわたしの墓とせず
はらんだその胎を
そのままにしておかなかったから。
18 なぜ、わたしは母の胎から出て労苦と嘆きに遭い
生涯を恥の中に終わらねばならないのか。（二〇・七～一八）

エレミヤの告白の最後の箇所、非常に悲痛なところです。読み返してみましょう。

主よ、あなたがわたしを惑わし、わたしは惑わされて、あなたに捕らえられました。（二〇・七）

これはエレミヤが神様に対して文句を言っているのです。神様のおかげでわたしはこんなひどい目に遭わされている、と。

わたしは一日中、笑い者にされ、人が皆、わたしを嘲ります。（二〇・七）

エレミヤは、強い立場の人が弱い人を踏みにじって、わずかしかない財産を没収したり、幼い子が殺されたり、権力のある者が弱い立場の者を踏みにじったりする、具体的な事実を見ています。抽象的な話ではないのです。貧しい人がわずかにしか持ってないものまでも奪われてしまった。どうして次の日を生きていけるのか、エレミヤは黙っていられません。

「不法だ、暴力だ」と叫ばずにはいられません。（二〇・八）

「不法」はもっとはっきりした言葉で訳すと、「暴虐」という言葉です。「それは暴虐だ。それは暴力だ」とエレミヤは叫ばずにはいられません。ところが、こういうことをエレミヤが言うたびに、エレミヤを憎んで弾圧する人々の言葉と圧力がかかってくる。罵られたり、馬鹿にされたり、嘲られたり、恥とそしりを受けるのです。

わたしがこんな目に遭うのは神様のせいだ。わたしはそもそもこんなことはしたくはなかった。わたしは元々預言者になるつもりはなかった。わたしはできない、わたしは若者で何も言葉を知りませんと、はじめからわたしはあなたに言ったではありませんか。それなのにあなたはわたしを惑わして無理やりに預言者にしてしまった。あなたがこんな目に遭わせた、と神様に対して訴えているのがこの箇所です。

エレミヤとしては、もう黙っていたい。自分が何かを言えば言うほど苦しいことが起こってくるので、もう黙っていたい。沈黙する、と決心するのです。

主の名を口にすまい、もうその名によって語るまい。（二〇・九）

その名というのは神様の名です。神様の名によって語るということは、預言者として神の言葉を伝えるということですが、もうそれはすまいと、自分を押さえるのです。ところが押さえてい

ると、

主の言葉は、わたしの心の中、骨の中に閉じ込められて、火のように燃え上がります。（二〇・九）

押さえていると、自分の中で炎が燃えるようになって、骨と体が燃え上がってきて、エレミヤの体から言葉が出ようとする。その出ようとする言葉を押さえるのが、もう苦しくて、苦しくて耐えられない。

押さえつけておこうとして、わたしは疲れ果てました。わたしの負けです。（二〇・九）

とうとう押さえられなくなってやっぱり言ってしまう。言ってしまうと、また迫害に遭う。エレミヤの生涯は、そういう連続でした。

わたしには聞こえています、多くの人の非難が。「恐怖が四方から迫る」と彼らは言う。「共に彼を弾劾しよう」と。わたしの味方だった者も皆、わたしがつまずくのを待ち構えている。（二〇・一〇）

エレミヤの告白の五番目は、いろんな言葉が折り重なっていますが、一一節になると、彼の拠り所に戻ります。

しかし主は、恐るべき勇士として、わたしと共にいます。（二〇・一一）

最初にエレミヤを預言者として召されたときに神様が言われたのは、

わたしはあなたと共にいて、必ず救い出す（一・八）

という約束でした。

エレミヤが預言者としてもうやっていけないと思ったときに、もう一度エレミヤを立て直されたときに聞いた約束も、「わたしは必ずあなたと共にいる」でした。

その約束をもう一回、ここでエレミヤは聞き直すのです。自分の心に言って聞かせる。

しかし主は、恐るべき勇士として、わたしと共にいます。（二〇・一一）

このように、特にこのエレミヤの最後の告白では、自分の中に神の言葉が燃えて、それを押さえていることができないという苦しみを訴えたのでした。

万軍の主よ、正義をもって人のはらわたと心を究め、見抜かれる方よ。（二〇・一二）

はらわたという言葉が出てきました。自分の体とか感情、自分の存在のその中心を、はらわたに感じるのですね。はらわたに、自分の苦しみも神様の言葉もはらわたに感じるのです。神の言葉がはらわたに溜まって、はらわたから燃え上がってくる。神様、あなたは人のはらわたを究められる方、このはらわたが焼けるような思いをあなたは知っておられます。それがエレミヤの祈りです。

戻って第四章を開けてみましょう。はらわたという言葉が出てきます。

18 **あなたの道、あなたの仕業が**
これらのことをもたらす。
これはあなたの犯した悪であり
まことに苦《にが》く、そして心臓にまで達する。

19 わたしのはらわたよ、はらわたよ。
わたしはもだえる。
心臓の壁よ、わたしの心臓は呻く。
わたしは黙していられない。（四・一八～一九）

先ほどの箇所で、エレミヤが自分の体の中に、神の言葉が燃えて、耐えがたいということを、言いました。それと同じようなことをここで言っています。

エレミヤとイエス

このエレミヤに起こったこととは、イエス様に起こったことでした。心情というか、気持ち、感情のレベルで、エレミヤに一番近いのはイエス様だと感じます。
イエス様の中には旧約聖書のいろいろな人の祈りや、叫びがつながっていきます。エレミヤの苦しみの活動も、イエス様に直結していくのです。どのようにつながっていっているか、新約聖書に目を向けてみたいと思います。

イエスは町や村を残らず回って、会堂で教え、御国の福音を宣べ伝え、ありとあらゆる病気

や患いをいやされた。また、群衆が飼い主のいない羊のように弱り果て、打ちひしがれているのを見て、深く憐れまれた。そこで、弟子たちに言われた。「収穫は多いが、働き手が少ない。だから、収穫のために働き手を送ってくださるように、収穫の主に願いなさい。」(マタイ九・三五～三八)

これはイエス様の働きと思いを集中して述べた箇所です。

イエスは町や村を残らず回って、会堂で教え、御国の福音を宣べ伝え、ありとあらゆる病気や患いをいやされた。(マタイ九・三五)

神の国の福音の宣教と病気の癒しが書いてありますね。

三六節がエレミヤ書につながります。

また、群衆が飼い主のいない羊のように弱り果て、打ちひしがれているのを見て、深く憐れまれた。(マタイ九・三六)

この「深く憐れまれた」と訳された言葉は、新約聖書の原書ギリシャ語で「スプランクニゾマイ」という単語です。言葉には、本来の語源というか、ニュアンスがありますが、はらわたが焼ける。そういうニュアンスの言葉です。はらわたを備える、はらわたを食べる、はらわたが焼ける、はらわたがちぎれる――そういう内臓を表現している言葉が「スプランクニゾマイ」です。

イエス様が群衆を見られた。「飼い主のいない羊のように弱り果てている。打ちひしがれている人々を見た」。その打ちひしがれている人々を見たときに、イエス様のはらわたが焼けたのです。単に頭で何かを思ったというのではなく、いくらか感じたというのではなく、イエス様のはらわたが苦しんだ。

エレミヤが耐えがたい、黙することができないと言ったのと同じ思いが、イエス様の中に起こったのです。「深く憐れまれた」というのは、そういう意味です。イエス様の内臓が破裂せんばかりに苦しむ。

そこで、弟子たちに言われた。収穫は多いが働き手が少ない。(マタイ九・三七)

収穫というのは、神様の救いが現実になっていくということです。神様の救いが起ころうとしている、神様の救いを待っている人たちがいっぱいいて、現実に神様の愛に包まれて生かされる、そういう可能性が目の前にいっぱい広がっている。けれども、そのために自分の言葉と体と

を動かす人が少ない。救いを待っている人はたくさんいるのに、そのために働く人が少ない。足りない。だから、

収穫のために働き手を送ってくださるように、収穫の主に願いなさい。（マタイ九・三八）

働き手が足りないから、働き手を求めて祈るようにと、イエス様は言われました。人が足りないのです。これは今の教会の現実と同じです。救いを求めている人はいっぱいいるのです。教会に教籍のある人もない人も、救いを求めている人はたくさんいます。人が訪ねてくるし、電話がかかってくる。「今、死んだ人の霊がやってきて苦しいから助けてください」と電話かかってきて、「祈祷書を開いて一緒にお祈りしましょう」と語りかけます。

収穫を待っている畑が広がっている、とイエス様は言われた。けれども、そのために働く人が足りない。

エレミヤが経験したことは、イエス様にしっかりとつながっているということです。エレミヤは、神様の言葉を伝えたために、迫害を受けて、罵られて、嘲けられて、さんざんに傷つけられる言葉を聞かされました。イエス様ご自身が同じだったのです。

今の箇所の直前を見ましょう。三二節。口の利けない人を癒すという箇所です。

二人が出て行くと、悪霊に取りつかれて口の利けない人が、イエスのところに連れられて来た。悪霊が追い出されると、口の利けない人がものを言い始めたので、群衆は驚嘆し、「こんなことは、今までイスラエルで起こったためしがない」と言った。しかし、ファリサイ派の人々は、「あの男は悪霊の頭《かしら》の力で悪霊を追い出している」と言った。（マタイ九・三二〜三四）

これは、エレミヤに起こったことと一緒ですね。エレミヤは目に見えて奇跡をおこなったという話はないのですが、イエス様はこの箇所で奇跡を起こされました。口の利けなかった二人の人が、口が利けるようにされたときに、群衆は驚嘆して、こんなことは起こったためしがないと驚きの声をあげました。

ところが、三四節の「しかし」が問題なのです。

しかし、ファリサイ派の人々は、「あの男は……」

主イエスのことですね。

「あの男は悪霊の頭《かしら》の力で悪霊を追い出している」

これほどひどい言葉はありません。イエス様が神様の愛をもたらして、神様の愛のゆえに人が癒されたのです。イエス様の愛がこの人たちを癒した。それを見たファリサイ派の人々は、「あいつは悪霊の力で悪霊を追い出している。それで口が利けるようになった」と言ったのです。そういう言葉を聞かれたイエス様はどんなに腹が立ったか、どんなに悲しかったか。

別の箇所でイエス様はこういうことを言われました。

「人の子の悪口を言う者は皆赦される。」（ルカ一二・一〇）

自分は罵られても、憎まれても、辛抱すると。けれども、

「聖霊を冒瀆する者は赦されない。」（ルカ一二・一〇）

と、言われた。神様の霊が働いている現実を目の前にしていて、それを悪霊の仕業だというような言葉は赦されない。

イエス様は、いかに耐えがたい言葉を聞かされて、それに対してどんなに悲しまれたか、どん

なに憤られたか。イエス様の、はらわたがどんなに悶えたか、心臓の壁が震えたか、破れたか。そういう点でエレミヤとイエスは直結しているのです。エレミヤが経験した悲しみと苦しみを、全部イエス様は自分の中に引き取られた。

エレミヤだけではありません。人が、更に言えば、わたしたちみんなが経験する、憤り、悲しみ、裏切り、人から受ける憎しみ、そういうもの全部をイエス様は自分の中に引き受けてくださった。そういうふうにして、わたしたちの思いもイエス様の中につながって生きているのです。

人を恨んだり、憎んだり、復讐を求めたりするようなことはいいことではないし、信仰的ではない。それはそうなのです。けれども、そういうことも全部、イエス様は分かっていてくださって、それをはらわたに感じていてくださるという、これが大事なことです。わたしの中に動く苦しみは誰も分かってくれなくても、イエス様はそのことを分かっていてくださる。全部をイエス様は引き受けてくださっている。

平和の計画・希望の約束

エレミヤ書を読んでいると、こちらのはらわたが苦しくなりますが、今日はエレミヤ書の中の、一つの希望の言葉を聞いて終わりたいと思います。第二九章一〇節から。

主はこう言われる。バビロンに七十年の時が満ちたなら、わたしはあなたたちを顧みる。わたしは恵みの約束を果たし、あなたたちをこの地に連れ戻す。わたしは、あなたたちのために立てた計画をよく心に留めている、と主は言われる。それは平和の計画であって、災いの計画ではない。将来と希望を与えるものである。そのとき、あなたたちがわたしを呼び、来てわたしに祈り求めるなら、わたしは聞く。わたしを尋ね求めるならば見いだし、心を尽くしてわたしを求めるなら、わたしに出会うであろう、と主は言われる。わたしは捕囚の民を帰らせる。わたしはあなたたちをあらゆる国々の間に、またあらゆる地域に追いやったが、そこから呼び集め、かつてそこから捕囚として追い出した元の場所へ連れ戻す、と主は言われる。（二九・一〇～一四）

これは、もう少し時代が進んだ後の言葉だと思うのですが、神様がエレミヤを通して言われたことによると

わたしは、あなたたちのために立てた計画をよく心に留めている、と主は言われる。それは平和の計画であって、災いの計画ではない。将来と希望を与えるものである。（二九・一一）

神様は災いの計画ではなくて平和の計画をみんなのために立てている、と言われます。あなたたちの中に平和をもたらそうとして、わたしは計画を立てて準備をしていると。

これは昔にエレミヤを通して神様が言われた言葉ですが、わたしたちにも言われている言葉です。「あなたたちに用意して準備しているのは、災いの計画ではなくて平和の計画である。あなたたちの将来に、あなたたちに希望を与えようとしてわたしは計画を立てている」と。言われます。

エレミヤが経験したこと、エレミヤが語ったことは、とてもつらい、痛ましいことですが、最終的には神様は平和の計画をもって将来を備えようとして、希望を与えようとして計画をして、準備して働いておられる、働こうとしておられる。

そのときあなたたちがわたしを呼び、来てわたしに祈り求めるなら、わたしは聞く。わたしを尋ね求めるならば見いだし、心を尽くしてわたしを求めるなら、わたしに出会うであろうと、主は言われる。（二九・一二〜一四）

わたしはあなたがたに出会いたい。あなたがたはわたしに出会うし、わたしもあなたがたに出会いたい。それが、わたしが計画している平和の計画だ、と神様は言われたのです。

五　エレミヤを支えた人々

エレミヤの孤独

エレミヤ書を読み始めて五回目になります。今日はエレミヤを支えた人たちがいたということを中心に読んでみたいと思います。

前回と前々回はエレミヤの告白の言葉を聞いて、エレミヤは、どんなに人のために労苦して、祈って、しかもその結果、苦しみを味わうことになったかという、彼の切実な思いを神様に向けて訴えた告白の箇所を読みました。

エレミヤの味わった孤独について、幾つかの短い言葉を引用します。これは、前に読みました告白の中に出てきた言葉です。

わたしはだれの債権者になったことも、だれの債務者になったこともないのに、だれもがわ

たしを呪う。（一五・一〇）

エレミヤは、お金を貸していてその貸した金を取り立てにいって人をひどい目に遭わせたというようなことをしたこともないのに、誰もがわたしを呪う、と。これは神様に向かって訴えた告白の言葉の一つです。

次に、一六章の初めのほうで、神様がエレミヤに対して言われた言葉、

あなたはこのところで妻をめとってはならない。息子や娘を得てはならない。（一六・二）

エレミヤは結婚しなかったし、子どももありませんでした。神様がそのように定められた。エレミヤより一五〇年前ぐらいの預言者イザヤは結婚して妻があり、二人の息子がありました。けれども、エレミヤは結婚することを神様から止められたのです。それはそれで、神様ご自身の深い理由があったのだと思いますが、妻や子どもたちと共に過ごすということは彼にはできなかった。そういう意味でも孤独でした。その孤独の彼が、何よりもただ一つ頼ったのは、神様ご自身でした。それが一六章に出てくる祈りです。

主よ、わたしの力、わたしの砦、苦難が襲うときの逃れ場よ。（一六・一九）

最後に二〇章一〇節の言葉。これは前に告白の後半で読んだ箇所ですが、

わたしの味方だった者も皆、わたしがつまずくのを待ち構えている。（二〇・一〇）

かつてはエレミヤの仲間であった人、エレミヤと一緒に考えて、一緒に祈って、一緒に行動してきたはずの大事な味方だった人が、逆の立場になってしまって、無視するどころか、わたしがつまずくのを待ち構えている。こういう裏切りを彼は経験したのです。

思い出すのは、詩編二五編です。エレミヤの思いに通じる言葉がありますので引用します。

御顔《みかお》を向けて、わたしを憐れんでください。
わたしは貧しく、孤独です。（詩編二五・一六）

「孤独」という言葉を作者が発しています。

御覧ください、敵は増えて行くばかりです。

わたしを憎み、不法を仕掛けます。
御もとに身を寄せます。
わたしの魂を守り、わたしを助け出し
恥を受けることのないようにしてください（詩編二五・一九～二〇）

エレミヤが経験したのと同じ経験を、別の時代の人がしていました。

神殿におけるエレミヤの説教

今日は第二六章を開いて、実際に起こった出来事、その現場を見てみたいと思います。あるとき、エルサレム神殿という信仰生活の中心の場所で事件が起こった。それは、神殿の有力な支配者、大祭司、それから公認された国家付きの預言者。この人たちがエレミヤに有罪の判決を下して、エレミヤを死刑にしようとした事件です。

神殿におけるエレミヤの説教
ユダの王、ヨシヤの子ヨヤキムの治世の初めに、主からこの言葉がエレミヤに臨んだ。
「主はこう言われる。主の神殿の庭に立って語れ。ユダの町々から礼拝のために主の神殿に来

るすべての者に向かって語るように、わたしが命じるこれらの言葉をすべて語れ。ひと言も減らしてはならない。彼らが聞いて、それぞれ悪の道から立ち帰るかもしれない。そうすれば、わたしは彼らの悪のゆえにくだそうと考えている災いを思い直す。彼らに向かって言え。主はこう言われる。もし、お前たちがわたしに聞き従わず、わたしが与えた律法に従って歩まず、倦むことなく遣わしたわたしの僕である預言者たちの言葉に聞き従わないならば――お前たちは聞き従わなかったが――わたしはこの神殿をシロのようにし、この都を地上のすべての国々の呪いの的とする。」（二六・一～六）

ヨヤキムという王様の時代に、神様がエレミヤに臨んで語られた。「エルサレムの主の神殿の庭に立って語るように、密かにではなくて、そこを通る人、礼拝のために来るすべての人に向かって、大きい声でわたしが言う言葉を告げなさい」。

神様が期待しておられるのは、エレミヤを通して神様の言葉を聞いた人が、間違った道から神様のもとに悔い改めて帰ってくることです。それを期待して、神はエレミヤを遣わして語らせられたのです。しかし立ち帰らなければ、このエルサレムの神殿、信仰と生活の目に見える拠り所、――これがあるからこの国が成り立っているというはずの神殿――その神殿に対して神様は審判を下すと言われたのです。

なぜかというと、神様と人が、深く真実でもって結ばれるはずの神殿が、まったく逆のものになって堕落しているのが現実ではないかと、神様は見られたのです。集まってくる人全部が悪いというのではありません。けれども、その神殿を治めている力ある人々というのが、神様と人々を結びつけるために存在するのではなくて、金儲けのために、人の信仰を利用して自分たちの地位の確保と富の蓄積のために、神殿を悪用している。神様のための神殿が、それとは正反対のものに堕落してしまっている。そう神様は見られたのです。

わたしはこの神殿をシロのようにし、この都を地上のすべての国々の呪いの的とする。(二六・六)

シロというのは、エルサレムに神殿ができるよりもずっと昔に、シロという別のところに礼拝所、簡素な神殿があった場所です。

イスラエルに王国ができるよりも前に、サムエルという預言者がいました。そのサムエルはシロの神殿に幼いときから預けられて、そこで育って、神の声を聞いて預言者になった人です。このシロの神殿も、やはり神様のために建てられたけれど、神様を裏切るようなことになってしまったので、神様はシロの神殿を捨てられた。何百年か前にあったことです。このエルサレムの神殿を、わたしはあのシロの神殿と同じようにする、と神様は言われたのです。

この二六章の神殿における場面は、エレミヤ書第七章と関係しています。多分、同じ出来事か、あるいは時期は違ってもつながる事柄が、七章にも書いてありまして、七章と二六章はおよらく一つなのです。七章には「神殿での預言」という表題がついています。


主からエレミヤに臨んだ言葉。

主の神殿の門に立ち、この言葉をもって呼びかけよ。そして、言え。

「主を礼拝するために、神殿の門を入っていくユダの人々よ、皆、主の言葉を聞け。イスラエルの神、万軍の主はこう言われる。お前たちの道と行いを正せ。そうすれば、わたしはお前たちをこの所に住まわせる。主の神殿、主の神殿、主の神殿という、むなしい言葉に依り頼んではならない。この所で、お前たちの道と行いを正し、お互いの間に正義を行い、寄留の外国人、孤児、寡婦を虐げず、無実の人の血を流さず、異教の神々に従うことなく、自ら災いを招いてはならない。そうすれば、わたしはお前たちを先祖に与えたこの地、この所に、とこしえからとこしえまで住まわせる。しかし見よ、お前たちはこのむなしい言葉に依り頼んでいるが、それは救う力を持たない。盗み、殺し、姦淫し、偽って誓い、バアルに香をたき、知ることのなかった異教の神々に従いながら、わたしの名によって呼ばれるこの神殿に来てわたしの前に立ち、『救われた』と言うのか。お前たちはあらゆる忌むべきことをしているではないか。わたしの名によって呼ばれるこの神殿は、お前たちの目に強盗の巣窟

と見えるのか。そのとおり。わたしにもそう見える、と主は言われる。」（七・一〜一一）

神様を礼拝するということは、「お互いの間に正義を行う」ことなのだと、神は言われます。神を礼拝するということは、寄留の外国人、孤児、寡婦、生活や立場のとても弱い人々を大切にすること、無実の人の血を流さないようにすること、盗んだり殺したりしないこと、神を礼拝するということは、そういう愛と正義を伴っているはずなのだというのです。

ところが、盗んだり殺したり姦淫したりしながら、神殿に来て救われたと言っている。そんな礼拝にわたしは耐えられない、と神様は言われる。神様の言葉は極限に達しています。

わたしの名によって呼ばれるこの神殿を、お前たちの目に強盗の巣窟と見えるのか。そのとおり。わたしにもそう見える、と主は言われる。（七・一一）

信仰のために集まって建てられたはずの神殿が、強盗の巣窟になってしまっている。人の信仰心を利用して、不当に莫大な富を得ている一部の集団がいるわけです。これを神様は耐えがたい強盗の巣窟と見られた。かつてシロの神殿は神に捨てられたが、同じことが、今、エルサレムの神殿に起ころうとしている、とエレミヤを通して神は警告された。けれども、神殿に対してこういう批判をすることは、恐ろしいことです。神殿があって、その神殿のおかげで権力を握っている人、お金を儲けている人、そういう者たちが実際に力を持っていますので、こんなことを神殿の庭で大声で言われて、もし人々がそれに耳を貸して、そちらを支持してしまったら、大祭司とか国家公認の預言者とか、今でいうと高位聖職者、そういう者たちの立場や影響力が危くなる。それゆえ、エレミヤは抹殺しなければならない。こういうことが起こってきたのです。

二六章に戻りまして、七節から続きを読んでみます。

祭司と預言者たちとすべての民は、エレミヤが主の神殿でこれらの言葉を語るのを聞いた。エレミヤが、民のすべての者に語るように主に命じられたことを語り終えると、祭司と預言者たちと民のすべては、彼を捕らえて言った。「あなたは死刑に処せられねばならない。なぜ、あなたは主の名によって預言し、『この神殿はシロのようになり、その都は荒れ果てて、住む者もなくなる』と言ったのか」と。すべての民は主の神殿でエレミヤのまわりに集まった。ユダの高官たちはこれらの言葉を聞き、王の宮殿から主の神殿に上って来て、主の神殿の新しい門の前で裁きの座に着いた。祭司と預言者たちは、高官たちと民のすべての者に向かって言った。「この人の罪は死に当たります。彼は、あなたがた自身が聞かれたように、この都に敵対する預言をしました。」

（二六・七〜一一）

神殿で裁判が開かれたのです。裁判長は大祭司です。実際の権力を握っているのは王様ですが、人の生活と魂の指導をする最高権威者は大祭司です。それから神の言葉を告げるとされている預言者たち。エレミヤから見れば偽預言者たちですが、国家公認の預言者です。エレミヤは、彼らからすると「とんでもないことを言っている反逆者」でしかなく、公に認められている預言者たちが立派な格好をして並んでいます。

この大祭司と、それに連なる祭司たち、預言者たちが、エレミヤを捕らえて死刑にしようと思って裁判を開いた。この人の罪は死に当たる。みんなが聞いたように、このエルサレムに敵対する預言をした。神の都たるエルサレムを罵り、その滅びを語る言葉を吐いたことは死に当たる、という告発です。

およそ六百年後に同じことが起こりました。破壊されて再建された同じエルサレムの神殿で、大祭司以下が「この人は神を冒瀆した、死に当たる」(マタイ二六・六五〜六六参照)と。これがイエスの裁判です。イエスも同じように神殿を批判しました。神殿であくどい商売をしているのをひっくり返して、神殿と大祭司の権威を潰しましたから、抹殺しなければいけない。同じことが起こったのです。

このときにエレミヤは口を開いて語りました。

エレミヤは高官たちと民のすべての者に向かって言った。「主がわたしを遣わされ、お前た

ちが聞いたすべての言葉をこの神殿とこの都に対して預言させられたのだ。今こそ、お前たちは自分の道と行いを正し、お前たちの神、主の声に聞き従わねばならない。主はこのように告げられた災いを思い直されるかもしれない。わたしはお前たちの手中にある。お前たちの目に正しく、善いと思われることをするがよい。ただ、よく覚えておくがよい、わたしを殺せば、お前たち自身と、この都とその住民の上に、無実の者の血を流した罪を招くということを。確かに、主がわたしを遣わし、これらのすべての言葉をお前たちの耳に告げさせられたのだから。」（二六・一二〜一五）

エレミヤは、一言、弁明をする機会を与えられたということでしょう。最高権威者がずらっと並んでエレミヤを告発して、死刑の判決を下そうとしている。エレミヤの側に立つ人は差し当たって、誰もいないのです。このまま放っておけば、確実に死刑が執行されます。エレミヤはもう死ぬことを覚悟していますので、最後にもう一回だけ大事なことを言うのです。

神様の声に従いなさい、と。従うならば今起ころうとしている神様の裁き、災いは神様が思い返されるかもしれない。けれども、わたしは何の力も持っていないから、わたしはお前たちの手中にある。あなたたちがこうしようとすれば、わたしはそうされるしかない。けれども、「わたしを殺せばお前たち自身と、この都とその住人の上に、無実の者の血を流した罪を招く」ということを覚えていなさい。これがエレミヤの最後の言葉になったかもしれない言葉です。

このまま誰も何も言わなければ死刑判決です。誰かが何か別のことを言うかどうか。そのあとどうなったか、というのが一六節からです。

エレミヤを守った人々

高官たちと民のすべての者は、祭司と預言者たちに向かって言った。「この人には死に当たる罪はない。彼は我々の神、主の名によって語ったのだ。」この地の長老が数人立ち上がり、民の全会衆に向かって言った。「モレシェトの人ミカはユダの王ヒゼキヤの時代に、ユダのすべての民に預言して言った。

『万軍の主はこう言われる。
シオンは耕されて畑となり
エルサレムは石塚に変わり
神殿の山は木の生い茂る丘となる』と。

ユダの王ヒゼキヤとユダのすべての人々は、彼を殺したであろうか。主を畏れ、その恵みを祈り求めたので、主は彼らに告げた災いを思い直されたではないか。我々は自分の上に大きな災いをもたらそうとしている。」(二六・一六〜一九)

ここで口を開いた人々がいたのです。エレミヤは死刑判決を受けて、殺される寸前のところにいたのですが、言おうか言うまいか、ずっと迷っていた人たちがいまして、その人たちが、とうとう発言したのです。しかも、それが影響力のある人々だったのです。

二六章七節をもう一度見ましょう。先ほどの裁判開始のときに、「祭司と預言者たちとすべての民は」とありました。すべての民というのは、多数の人々ですね。多数の人々がエレミヤを捕らえて殺そうとしたのです。そういうふうになびいていく多数の人がいるのですね。

けれども今、一六節を見ると、「高官たちと民のすべての者は」と書いてあります。弁護する者がなかったら、そのまま裁判が進んでしまうとき、あえてエレミヤを弁護する人々が立ち上がった。祭司と預言者たちに向かって反論したのです。

「この人に死に当たる罪はない。彼は我々の神、主の名によって語ったのだ」と。

これは大きな信仰的決断です。何も言わなければ自分の身は安泰なのです。エレミヤを弁護したために、自分の立場が危うくなるかもしれない。けれども、誰か分かりませんが、高官たちと呼ばれた、ある社会的影響力を持った立場の人々が、エレミヤには罪がない、彼は神の名によって語ったのだ、それに聞き従うべきだということを、公にはっきり言いました。

しかも一七節を見ると、「この地の長老が」と書いてあります。これは地域を代表する有力者たちでしょう。長老が、数人立ち上がって発言した。立ち上がって、民の全会衆に向かって言った。この場面は目に見えるようです。さきほど高官たちは、祭司と預言者たちに対して反論したのですけど、長老たちは集まっているみんなに向かって呼びかけたのです。
長老たちは歴史を話しました。一五〇年前に同じようなことが起こった。

「モレシェトの人ミカはユダの王ヒゼキヤの時代に、ユダのすべての民に預言して言った。
『万事の主はこう言われる。
シオンは耕されて畑となり
エルサレムは石塚に変わり
神殿の山は木の生い茂る丘となる』と。」(二六・一八)

ミカはイザヤと同時代の預言者です。ミカが同じようにエルサレムの町と神殿を批判したではないかと。けれど、考えてみなさい。エルサレムを批判したミカは死刑になったか。そうではなかった。エルサレムを批判したミカは、神様の言葉を告げた人として重んじられて、そのおかげで神様の裁きを免れることができたのだ。そのように長老たちは、集まった多くの人々に訴えたのです。

ユダの王ヒゼキヤとユダのすべての人々は彼を殺したであろうか。死を恐れ、その恵みを祈り求めたので、主は彼らに告げた災いを思い直されたではないか。(二六・一九)

もし、このままエレミヤを殺すとしたら、我々は自分の上に大きな災いをもたらすことになる。神様に背く罪を犯すことになる。一五〇年前にあった出来事を思い出して語った人々がいたことによって、エレミヤは命が助かった。歴史を振り返ることが、人の命を救ったのです。

ここで、ミカがどんなことを言っていたかを、見ておきましょう。ミカ書第三章に「指導者たちの罪」という箇所があります。ミカはイザヤと同時代の人です。

わたしは言った。
聞け、ヤコブの頭《かしら》たち
イスラエルの家の指導者たちよ。
正義を知ることが、お前たちの務めではないのか。
善を憎み、悪を愛する者
人々の皮をはぎ、骨から肉をそぎ取る者らよ。
彼らはわが民の肉を食らい
皮をはぎ取り、骨を解体して
鍋の中身のように、釜の中の肉のように砕く。（ミカ三・一〜三）

イスラエルの指導者、王様も含めて大祭司、高位聖職者、公認預言者、高級官僚、そういう者たちについて、「彼らはわが民の肉を食らって」、神様の大切な人たちの肉を食らっていると言うのです。

今や、彼らが主に助けを叫び求めても
主は答えられない。(ミカ三・四)

そのような悪を行いながら、神様がその人々の祈りを聞かれるはずがあろうかというのです。

わが民を迷わす預言者たちに対して
主はこう言われる。
彼らは歯で何かをかんでいる間は
平和を告げるが
その口に何も与えない人には
戦争を宣言する。(ミカ三・五)

これが神様のお告げだといって金を儲けているのですね。このいわゆる預言者たちは、何かいいものをもらって、おいしいものを食べさせてもらうときはいい言葉を言ってくれるのです。けれども、何も報酬をくれない人に対しては、呪いの言葉を告げる。金儲けが目的の偽預言者たちです。

それゆえ、お前たちには夜が臨んでも
幻はなく
暗闇が望んでも、託宣は与えられない。
預言者たちには、太陽が沈んで昼も暗くなる。
先見者はうろたえ
託宣を告げる者は恥をかき
皆、口ひげを覆う。
神が答えられないからだ。（ミカ三・六〜七）

神様がそんな偽預言者に答えられるはずがない。

８しかし、わたしは力と主の霊

正義と勇気に満ち
ヤコブに咎《とが》を
イスラエルに罪を告げる。
9 聞け、このことを。ヤコブの家の頭《かしら》たち
イスラエルの家の指導者たちよ。
正義を忌み嫌い、まっすぐなものを曲げ
10 流血をもってシオンを
不正をもってエルサレムを建てる者たちよ。
11 頭たちは賄賂をとって裁判をし
祭司たちは代価を取って教え
預言者たちは金を取って託宣を告げる。
しかも主を頼りにして言う。
「主が我らの中におられるではないか
災いが我々に及ぶことはない」と。
12 それゆえ、お前たちのゆえに
シオンは耕されて畑となり
エルサレムは石塚に変わり

神殿の山は木の生い茂る聖なる高台となる。（ミカ三・八～一二）

ミカが発言したのと同じことを、今、エレミヤは語っている。だから、エレミヤの言葉を聞いて、わたしたちは悔い改めなければいけない。そう高官たちと長老たち、そして多くの人々が語ったのです。

エレミヤを殺すつもりでいた。着々とその裁判が進みつつあったのに、まったく逆の反論をした人たちがいて、その影響力がその場所を覆いました。大祭司としては、はらわたが煮えくりかえる状態ですが、ここまできたら死刑判決は下せない。多数がエレミヤを守ろうとする空気になってしまいましたから。ここでエレミヤを死刑にしてしまったら、大祭司たちは支持を失います。ここは引くしかない。

こうして、一五〇年前のミカのことを思い起こした何人かの人たちの勇気ある発言によって、エレミヤの命は救われました。人を恐れるよりも神を恐れるということが、この場面で起こったのです。エレミヤは孤独でしたし、苦しみを分かちあう多くの同志があったわけではなかった。しかし、命が奪われそうになったときに、彼を支持する人たちが立ち上がって彼を救った。

エレミヤを守り支えた人たちについて、もう少し付け加えます。まずシャファンの子アヒカムという人。

しかし、シャファンの子アヒカムはエレミヤを保護し、民の手に落ちて殺されることのないようにした。(二六・二四)

エレミヤは何度も殺されかけているのですね。このときは、シャファンの子アヒカムが保護してくれて、民の手に落ちて殺されないようにした。

それから、どうしても忘れてはいけない人物がいます。それは、バルクという人です。

エレミヤはネリヤの子バルクを呼び寄せた。バルクはエレミヤの口述に従って、主が語られた言葉をすべて巻物に書き記した。(三六・四)

エレミヤは口で、声で話すのですけど、そのエレミヤの語った言葉を巻物に書いて、書き留めてそれを保存したり、必要に応じてそれを朗読しに行ったりする、大事な人がいたのですね。それがバルクという人です。エレミヤの弟子であったとも言われます。同志でもあり、友人でもある。実際にやっていたことはエレミヤの書記役です。

三七章にはゼデキヤという王様が登場します。これは、もうユダ王国が滅亡しようとする時期の王様で、どうにも力を発揮できない状態になっています。姿勢はふらついている。けれどもこういうことが記されています。

役人たちは激怒してエレミヤを打ちたたき、書記官ヨナタンの家に監禁した。そこが牢獄として使われていたからである。エレミヤは丸天井のある地下牢に入れられ、長期間そこに留めて置かれた。

ゼデキヤ王は使者を送ってエレミヤを連れて来させ、宮廷でひそかに尋ねた。

「主から何か言葉があったか。」

エレミヤは答えた。

「ありました。バビロンの王の手にあなたは渡されます。」（三七・一五〜一七）

エレミヤは地下牢に入れられて長期間そこに拘留された。そこにゼデキヤ王が使者を送ってきて、エレミヤを招いてひそかに尋ねた。ゼデキヤ王がそれなりに見識のある人であれば、地下牢に長期間放置することはないはずです。けども、バビロンの王国の圧迫があまりに厳しい中、あらゆることが心配で不安でどうしていいか分からない。エレミヤは神の言葉を告げる人と言われてきた人ですので、密かに尋ねる。「主から何か言葉があったか」。「ありました」とエレミヤは言う。ゼデキヤはエレミヤが地下牢で死に瀕していると知り、このようにします。

ゼデキヤ王は、エレミヤを監視の庭に拘留しておくよう命じ、パン屋街《やがい》から毎日パンを一つ届けさせた。これは都にパンがなくなるまで続いた。エレミヤは監視の庭に留めて置かれた。(三七・二一)

ともかくゼデキヤはエレミヤを飢え死にすることがないようにしたのです。

それからもうひとり、クシュの宦官エベド・メレク。クシュというのはエチオピアです。

役人たちは王に言った。

「どうか、この男を死刑にしてください。あのようなことを言いふらして、この都に残った兵士と民衆の士気を挫いています。この民のために平和を願わず、むしろ災いを望んでいるのです。」

ゼデキヤ王は答えた。

「あの男のことはお前たちに任せる。王であっても、お前たちの意に反しては何もできないのだから。」(三八・四〜五)

ゼデキヤは強い声に抵抗できません。

そこで、役人たちはエレミヤを捕らえ、監視の庭にある王子マルキヤの水溜めへ綱でつり降ろした。水溜めには水がなく泥がたまっていたので、エレミヤは泥の中に沈んだ。

宮廷にいたクシュ人の宦官エベド・メレクは、エレミヤが水溜めに投げ込まれたことを聞いた。そのとき、王はベニヤミン門の広場に座していた。

エベド・メレクは宮廷を出て王に訴えた。

「王様、この人々は、預言者エレミヤにありとあらゆるひどいことをしています。彼を水溜めに投げ込みました。エレミヤはそこで飢えて死んでしまいます。もう都にはパンがなくなりましたから。」

王はクシュ人エベド・メレクに、「ここから三十人の者を連れて行き、預言者エレミヤが死なないうちに、水溜めから引き上げるがよい」と命じた。エベド・メレクはその人々を連れて宮廷に帰り、倉庫の下から古着やぼろ切れを取って来て、それを綱で水溜めの中のエレミヤにつり降ろした。クシュ人エベド・メレクはエレミヤに言った。「古着とぼろ切れを脇の下にはさんで、綱にあてがいなさい。」エレミヤはそのとおりにした。そこで、彼らはエレミヤを水溜めから綱で引き上げた。そして、エレミヤは監視の庭に留めて置かれた。（三八・六〜一三）

エベド・メレクの断固たる進言によって、エレミヤは水溜から引き上げられました。この場面は非常に具体的に書いてあって、「古着やぼろ切れを取ってきて、綱でつり下ろして引き上げる」。そのまま引き上げたら、弱っている手とか腕とか脇の下がもう綱で破れてしまうから、古着やぼろ切れを当てる。非常に配慮しているというか、具体的な姿が見えますね。

ここからイエスを支えた人たちのことを思います。イエスは最後の食卓を囲んだとき、弟子たちにこう言われました。

「あなたがたは、わたしが種々の試練に遭ったとき、絶えずわたしと一緒に踏みとどまってくれた」。（ルカ二二・二八）

けれども「絶えずわたしと一緒に踏みとどまってくれた」と言われている弟子たちというのは、実は頼りない者たち。すぐに寝てしまったり、逃げたりする弟子たちなのです。しかしイエスは、一緒に踏みとどまってくれた、とねぎらいと感謝を言っておられるのですね。この人たちがイエスを三年間支えてきた。

それからイエスがゴルゴタに向かわれる途中のことです。

民衆と嘆き悲しむ婦人たちが大きな群れを成して、イエスに従った。（ルカ二三・二七）

民衆と嘆き悲しむ婦人たち。現実に社会的影響力、力を持っていないけれども、イエスの働きを支えてきたのは、この女の人たちなのですね。嘆き悲しむこと以上に今は何もできないけれど、この女の人たちが三年間イエスを支えてきたのです。十字架のもとにも女の人たちの姿があります。人の目には無力であったとしても、このイエスの働きのために祈って支えてきたのは、この女の人たちです。

十字架の後には復活が続いて、イエスを信じる新しい群れが、やがて活動を開始していきます。そのイエスを支えてきた人たちの祈りが、初代の教会の中核をなすのです。イエスを支えてきた人たちが最初の教会の核になるのです。だから、無力であるように思われても、実はそれが次の時代を生み出す力になっていく。エレミヤとイエス様のつながりを思いめぐらしてみました。

六　とこしえの愛

「契約」とは何か

エレミヤ書第三一章に入ります。エレミヤ書第三一章はあまりにも豊かな世界なので、三回に分けてじっくり読んでいきたいと思います。今日は初めから九節までを中心に読んでみましょう。

紀元前七世紀の終わり頃から六世紀の初め、ユダ王国の末期にいろいろな難しい問題がある中で、エレミヤが本当に苦労をして、命まで狙われるぎりぎりの中で、それでも神様の言葉を伝えてきた、そういう歩みがありました。

エレミヤ書第三一章には、「新しい契約」という表題がついています。新しい契約というのは、それからおよそ六百年後のイエス・キリストを予告する、そのはるかかなたにイエス・キリストの到来を予告して、今、エレミヤが語る、非常に大事な箇所です。

旧約聖書全体の中には、新約聖書につながっていく、はっきりした箇所がいくつもありますが、その中でも代表的な箇所の一つが、このエレミヤ書第三一章です。「新しい契約」という言葉そのものは、第三一章三一節に出てきます。

見よ、わたしがイスラエルの家、ユダの家と新しい契約を結ぶ日が来る、と主は言われる。
(三一・三一)

新しい契約を結ぶ日が来る。こう主が言われるとエレミヤが伝えています。この新しい契約が実現して、現実になるのがイエス・キリストですので、新約聖書のイエス・キリストにここからくっきりとつながっていく、そういう大事な箇所なのです。

「契約」という言葉がこの章の表題になっています。新約聖書と呼び、また旧約聖書と呼びますので、わたしたちは言葉として聞き慣れているのですが、「契約」とはどういうことなのか。法律上の問題などでは「契約」という言葉が使われますが、普段の生活の中ではほとんど使わない言葉です。よく聞いて知ってはいるのですが、その中身は何なのかということに、十分に納得がいってない面もあるかもしれません。

それで今日は、「契約」とはどういうことかを思いつつ、エレミヤ書第三一章一節から九節までを、読んでみましょう。

1そのときには、と主は言われる。わたしはイスラエルのすべての部族の神となり、彼らはわ
たしの民となる。
2主はこう言われる。
民の中で、剣《つるぎ》を免れた者は
　荒れ野で恵みを受ける
イスラエルが安住の地に向かうときに。
3遠くから、主はわたしに現れた。
わたしは、とこしえの愛をもってあなたを愛し
変わることなく慈しみを注ぐ。
4おとめイスラエルよ
再び、わたしはあなたを固く建てる。
再び、あなたは太鼓をかかえ
楽《がく》を奏する人々と共に踊り出る。
5再び、あなたは
サマリヤの山々にぶどうの木を植える。
植えた人が、植えたその実の初物を味わう。

6見張りの者がエフライムの山に立ち
呼ばわる日が来る。
「立て、我らはシオンへ上《のぼ》ろう
我らの神、主のもとへ上ろう。」

7主はこう言われる。
ヤコブのために喜び歌い、喜び祝え。
諸国民の頭《かしら》のために叫びをあげよ。
声を響かせ、賛美せよ。そして言え。
「主よ、あなたの民をお救いください
イスラエルの残りの者を。」
8見よ、わたしは彼らを北の国から連れ戻し
地の果てから呼び集める。
その中には目の見えない人も、歩けない人も
身ごもっている女も、臨月の女も共にいる。
彼らは大いなる会衆となって帰って来る。
9彼らは泣きながら帰って来る。

わたしは彼らを慰めながら導き
流れに沿って行かせる。
彼らはまっすぐな道を行き、つまずくことはない。
わたしはイスラエルの父となり
エフライムはわたしの長子となる。（三一・一～九）

冒頭の一節を、もう一度読んでみましょう。

そのときには、と主は言われる。わたしはイスラエルのすべての部族の神となり、彼らはわたしの民となる。（三一・一）

「契約」とは、一言でいうと、こういうことなのです。

わたしはイスラエルのすべての部族の神となり（三一・一）

これは旧約聖書の時代ですから、特にイスラエルを意識して強調していますが、今はもっと広がります。世界中に広がるのです。ここで大事なのは、神様が「わたしは」と、自分で自分のことを言われることです。「わたしは、イスラエルのすべての部族の神となる。」言い換えると、わたしはあなたがたみんなの神となると、こう言われるのが「契約」ということです。

漠然と神様がどこかにいるらしいという話ではないのです。「わたしは」と神様が言われて、わたしはあなたがたのみんなの神であると。あなたがたと無関係に、わたしがどこかに神として、どこかに座っているというわけではない。わたしはあなたがたの神だ。あなたがたのことを大事に思っているあなたがたの神だと——こう自分の身を乗り出すようにして言われる。それが、この前半です。

後半は、

彼らはわたしの民となる。（三一・一）

今度は、「彼らは」、言い換えれば、「あなたがたは、わたしの民となる。」あなたがたはわたしの民、わたしの大事な子どもたち——そういうふうに神様がわたしたちを包んで捉えてくださる。それが「契約」ということです。わたしはあなたがたの神となる。あなたがたはわたしの民である。これが「契約」です。

これはエレミヤ書第三一章で初めて言われたことではありません。実はこのことは、何百年も前から、初めからイスラエルの人たちは聞かせられていた言葉なのです。それをあらためて確認して言われた。例えば、どこでそのことが言われていたのか。

出エジプト記第六章。特に初めのほうはとても大事なところです。二節から読んでみましょう。

神はモーセに仰せになった。「わたしは主《しゅ》である。わたしは、アブラハム、イサク、ヤコブに全能の神として現れたが、主というわたしの名を知らせなかった。わたしはまた、彼らと契約を立て、彼らが寄留していた寄留地であるカナンの土地を与えると約束した。わたしはまた、エジプト人の奴隷となっているイスラエルの人々のうめき声を聞き、わたしの契約を思い起こした。それゆえ、イスラエルの人々に言いなさい。わたしは主である。わたしはエジプトの重労働の下《もと》からあなたたちを導き出し、奴隷の身分から救い出す。腕を伸ばし、大いなる審判によってあなたたちを贖《あがな》う。そして、わたしはあなたたちをわたしの民とし、わたしはあなたたちの神となる。あなたたちはこうして、わたしがあなたたちの神、主であり、あなたたちをエジプトの重労働の下《もと》から導き出すことを知る。（出エジプト記六・二〜七）

これは、エレミヤの時代からずいぶんと昔、紀元前千二百年代のことですから、エレミヤの時代から六百年も前のことです。

モーセがミデアンというところに逃げて、そこで四〇年間羊飼いとなって八〇歳になったときに、神様の呼びかけを聞いた。それでエジプトに戻っていって、イスラエルをエジプトから脱出させるためにエジプトの王様と交渉に入っている、そういう時期です。

ここに「契約」という言葉が、四節と五節に二回出てきました。

わたしはまた、彼らと契約を立て、彼らが寄留していた寄留地であるカナンの土地を与えると約束した。わたしはまた、エジプト人の奴隷となっているイスラエルの人々のうめき声を聞き、わたしの契約を思い起こした。（出エジプト記六・四〜五）

神様が奴隷の生活の苦しみから解放する――これが契約の実行です。そして注目したいのが七節です。

そして、わたしはあなたたちをわたしの民とし、わたしはあなたたちの神となる。（出エジプト記六・七）

エレミヤ書第三一章の冒頭と、表現は違いますが、内容は同じです。

「わたしはあなたたちをわたしの民とし、わたしはあなたたちの神となる。」これが「契約」ということです。あなたたちが生まれて生きて死ぬこと全体に対して、わたしはあなたがたの神として、わたしが責任を負う、と言われる。これが「契約」ということです。ですから、イスラエルの歩みのずっと初めのときから約束されたのです。けれども、人間のほうがその約束を忘れたり、その約束を踏みにじったりしてきたので、そのせっかくの「契約」がすっかり損われてしまった。

それから長い年月を経て、神様はあらためてエレミヤに対して、かつて立てられた「契約」を、もう一度しっかりと立て直すと言われるのが、三一章一節の言葉です。

今、出エジプト記の初めのほうと、エレミヤ書の二つを見てみました。出エジプト記は聖書の始まりのあたり、エレミヤ書は聖書全体の真ん中あたりです。そこで、今度は聖書の最後のほうを開けてみることにしましょう。

「ヨハネの黙示録」という新約聖書の最後の文書があります。その終わりのほう、第二一章三節、四節を見てみましょう。

そのとき、わたしは玉座から語りかける大きな声を聞いた。「見よ、神の幕屋が人の間にあって、神が人と共に住み、人は神の民となる。神は自ら人と共にいて、その神となり、彼らの目の涙をことごとくぬぐい取ってくださる。もはや死はなく、もはや悲しみも嘆きも労

苦もない。最初のものは過ぎ去ったからである。」（ヨハネの黙示録二一・三～四）

「大きな声を聞いた」。その声が何と言ったかというと、

見よ、神の幕屋が人の間にあって、神が人と共に住み、人は神の民となる。（ヨハネの黙示録二一・三）

エレミヤ書第三一章の冒頭で言われた言葉、それからモーセが出エジプト記第六章で聞いた言葉と一緒です。

人は神様に属するもの、放置された拠り所のないものではなくて、

人は神の民となる。神は自ら人と共にいて、その神となる。（ヨハネの黙示録二一・三）

漠然とどこかに神があるというのではなくて、神は人と共にいて、その人の神となると言われるのです。その人というのは涙をいっぱい流してきた人です。その涙を神様はご存じであって、彼らの目の涙をことごとくぬぐい取ってくださる。

ですから、「契約」とは一言で言えば、「わたしはあなたがたの神、あなたがたはわたしの民」ということです。聖書の初めのほうに、真ん中に、そして最後に書かれている、聖書の一番大事な中身、それが「契約」ということです。「契約」はいわば、聖書の根幹、中心です。

「契約」についてのまとめをしておきましょう。

「契約」とは、「神がわたしたちを愛し、わたしたちの命に責任を持ってくださる」ということ。「神様が、わたしがあなたがたの責任を持つ、と宣言して、それを実行してくださる」ということです。ですから、中心は神様の側にあるのです。人間のほうはふらふらしている。わたしたちはふらふらして危うい。けれども、神様が一方的に、わたしが責任を持つと言われる。それが「契約」です。

けれども、「契約」というのは、実は一方だけでは終わらない。契約とは、一方が差し出したときに、それに対して相手側が応答して関わって、それで「契約」が成り立つのです。

その神に対して――わたしたちを愛し、わたしたちの命に責任を持つと言われる――その神に対して、わたしたちのほうからも愛と真実を捧げる。応答ということですね。神様に対する応答、答えるということ。一方的に神様はこうするぞと言われることに対して、わたしたちのほうからも神様のほうを向いて、それに答える。これで、関係が一方的ではなくて、結びあわされる関係になる。心が通い合う関係になる。一方的でありながら双方向的になる、これが「契約」ということです。

とこしえの愛

エレミヤ書に戻りましょう。

第三一章二節をもう一度読んでみます。このように言われています。

主はこう言われる。（三一・二）

聖書の中でも預言書というのは、「主はこう言われる」という言葉がとても多いです。神様が何と言われるか、ということが大事なのです。わたしたちが何と感じるか以前に、神様の声を聞くことが、信仰にとって大事なのです。神様の声が聞こえなかったら、人の声がいろいろ聞こえます。人の声、それから自分の声。人の声や自分の声はいいものばかりではないですね。嫌な声、傷つける声、罵る声、否定する声、自分で自分を否定する声。そういう声が、放っておけば満ち満ちてしまいます。

けれども、大事なことは、「主はこう言われる」。神様がこう言われるから、それを聞こう。これが大事なのです。

主はこう言われる。民の中で剣を免れた者は、荒野で恵みを受ける。（三一・二）

戦争があって、人がたくさん死んできた、そういう悲しい歴史がここにはあります。「荒野で恵みを受ける」。人が生きているのは、まるで荒野で旅をしているようなものではないか。けれども、その荒野で神の恵みを受ける。イスラエルが安住の地に向かうときに。

遠くから、主はわたしに現れた。（三一・三）

これが大事ですね。本当は、神様はわたしたちが感じないときでも、そばにおられるはずなのです。けれども、神様がそばにおられることが感じられない、分からないという現実は、とても多い。エレミヤも、そういうことをずっと経験してきたのでしょう。そのエレミヤの時代の人も、その前の時代の人も、神様はいったいどこにおられるのか、という嘆きと問いを重ねてきました。

「遠くから、主はわたしに現れた」。「遠くから」という言葉の中に、神様を感じることができなかった長い、長い迷いがこめられています。あたかも遠くからのように、主はわたしに現れた。現れた神様が何と言われるかというと、

わたしは、とこしえの愛をもってあなたを愛し、変わることなく慈しみを注ぐ。（三一・三）

これが、今、エレミヤがはっきり聞かされた神様の言葉です。神様が「わたしは」と言われて、「とこしえの愛をもって、あなたを愛する。変わることなく慈しみを注ぐ。」こう言われる言葉をエレミヤは聞いたのです。

この言葉は、いわば神様のわたしたちに対する、最初にして最後の言葉。いろいろ言葉はあるけれども、最初に言いたいし、最後に聞いてほしいと願いつつ言われる言葉です。

わたしは、とこしえの愛をもってあなたを愛し、変わることなく慈しみを注ぐ。（三一・三）

この言葉を、エレミヤは今、はっきりと聞いて、体で感じた。

今まで読んできたように、エレミヤは、何回も殺されかけ、人々の憎しみを受け、告発を受けて、死刑になるような目に遭ってきた。ある場合には井戸に落とされて、放置された。故郷の人からまで憎まれて、本当につらい苦難を受けてきた。そういう苦難を通して、はっきりと彼が知らされた神様の言葉というのが、

わたしは、とこしえの愛をもってあなたを愛し、変わることなく慈しみを注ぐ（三一・三）

と言われる、この言葉なのです。

エレミヤは、死ぬほどの苦しい目に遭わなければ、この神様の言葉を本当に知ることはなかった。エレミヤは、死ぬほどの苦しみを何回も重ねて、二〇年、三〇年、四〇年を生きてきた。その中で、この言葉の真実を本当に知ったのです。神様の愛がエレミヤを貫いていてくださるということが分かった。この言葉が分かった以上は、エレミヤは生きることができるし、逆に言えば、いつ死んでもいいのです。

これはエレミヤが聞いただけではなくて、エレミヤを通してわたしたちにも呼びかけられている神様の言葉です。この言葉をわたしたちのところに持ってきてくださったのがイエス・キリストです。この言葉を昔、エレミヤが聞いたというだけではなくて、その言葉がわたしたち一人一人にとっての現実であるということを分からせるために来てくださったのがイエス・キリストです。とこしえの愛、変わることなく慈しみを注ぐと言われた神の愛が本当であるということを、一人一人に届けるために、自ら人間になって、体をもって、血と汗と涙をもった人として来られた。それがイエス様です。

エレミヤが聞いた神様の言葉にはっきりと通じる言葉を、イエス様の口から弟子たちは聞きました。とこしえの愛、変わることなく慈しみを注ぐといわれたその神の言葉を、別な表現でイエス様が言われて、イエス様がなさった。それが非常にはっきりと現れているのが、最後の晩餐の箇所です。

ヨハネによる福音書第一三章を開けてみましょう。イエス様が弟子たちの足を洗われる場面です。

さて、過越祭の前のことである。イエスは、この世から父のもとへ移る御自分の時が来たことを悟り、世にいる弟子たちを愛して、この上なく愛し抜かれた。（ヨハネ一三・一）

ここに、「愛して、この上なく愛し抜かれた」と書いてあります。これはエレミヤ書第三一章三節で、「とこしえの愛をもってあなたを愛し」と言われた、愛を重ねて言われたのと同じです。一節の真ん中あたりに、「世にいる弟子たちを愛して」と訳されていますが、ここはギリシャ語原文を見ると、「世にいる自分のものたちを愛して」と書かれています。

イエス様を信じてイエス様についてきた人たちを、ご自分のものとして愛しておられた。弟子たちの痛みは自分の痛みである。弟子たちの悲しみは自分の悲しみである。この人たちはわたしの大事な宝である。わたしのものたち、自分のものたちを愛して、愛し通された。この上なく愛し抜かれた。そのことの目に見える表現が、一人一人の足を洗われたということです。

エレミヤ書第三一章三節は、このヨハネによる福音書の最後の晩餐の場面、一三章一節にしっかりとつながっています。

とこしえの愛、変わることのない慈しみを注ぐと言われた、遠い昔の言葉は、イエス・キリストによって「わたしのものたち」――これは直接のそのときの弟子たちのことであると同時に、のちの時代の弟子たち、ということは、このわたしたち――このわたしたちに向けられているのです。「ご自分のものたち」の中には、このわたしたちもしっかり含まれています。

失われた者たちを呼び集められる神

もうひとつだけお話しして、今日の区切りにします。

主はこう言われる。（三一・七）

また書いてあります。教会は、「主はこう言われる」というその言葉を聞いて、はじめて成り立つのです。神様の言葉を聞かないで教会は成り立つはずがない。神様の言葉が聞こえなくなったら、教会は内実を失ってしまいます。繰り返し言われます。三一章の冒頭にも「主は言われる」。二節にも「主はこう言われる」。七節にも「主はこう言われる」。神様がこう語ってくださるので、わたしたちは生きることができるのです。

主はこう言われる。ヤコブのために喜び歌い、喜び祝え。諸国民の頭のために叫びをあげよ。声を響かせ、賛美せよ。そして言え。「主よ、あなたの民をお救いください、イスラエルの残りの者を。」（三一・七）

これは人々の祈りですね、「主よ、あなたの民をお救いください、残りの者を。」
神様の答えが八節です。

見よ、わたしは彼らを北の国から連れ戻し、地の果てから呼び集める。その中には目の見えない人も、歩けない人も、身ごもっている女も、臨月の女も共にいる。（三一・八）

この箇所の表現はとても具体的です。地の果てから呼び集められて帰って来る者とは誰かというと、その中には、目の見えない人がいる。目の見えない人は、どこへ行ったらいいか分からず放置されるかもしれない。けれども神様が目を留められるのは、まず目の見えない人なのです。歩けない人も、と書いてあります。自分で歩けない人を、神様は目に留められる。身ごもっている女、臨月の女。そういうもしかしたら取り残されたり身捨てられたりしてしまうかもしれない、そういう人をこそ神様が目に留めて、呼び集められるのです。それで、

彼らは大いなる会衆となって帰って来る。（三一・八）

神様のもとに帰ってくる、ふるさとに帰ってくる。

彼らは泣きながら帰って来る。（三一・九）

彼らは泣きながら帰って来る、というのです。神様が呼び集めに来てくださって、連れ帰ってくださるときに泣きながら帰ってくる。今までどんなに悲しかったか、神様が迎えにきてくださったことが、今どんなにうれしいか。

わたしは彼らを慰めながら導く（三一・九）

泣いているわたしの子どもたちよ、わたしは慰めながら導く、と言われます。

流れに沿って行かせる。（三一・九）

渇いたときに水を飲めるように、流れに沿っていかせる。

彼らはまっすぐな道を行き、つまずくことはない。（三一・九）

わたしが一緒に歩んで、その道を整えていくから、つまずくことがないようにする。これが神様の具体的な愛の配慮です。

わたしはイスラエルの父となり、エフライムはわたしの長子となる。（三一・九）

大事なわたしの子どもたちです。それが、「あなたがたはわたしの民」と言われたそのことです。「わたしはあなたがたの神である」と言われたのは、具体的にはこういうことなのですね。

エレミヤ書第三一章の始まりから九節までを読んでみました。

集めて、慰めながら導いてくださる神様。その神様のことをみんなにもっともっと、一人一人にはっきりと分かってほしかったから、イエス様が来られていろんな話をなさった。羊飼いが、百匹の羊を持っていて、その一匹が見失われたら、その羊を見つけにいく。見つかったらどんなにうれしいか。その羊を肩に担いで帰る、みんなで喜ぶ、と言われた（ルカ一五・六）。それはこのエレミヤ書に書かれていたその神様を、もっと一人一人にわからせるためにイエス様はこの話をされたのです。

出ていった放蕩息子をずっと待っていたお父さん、来る日も来る日も待っていたお父さんが、帰ってきた息子を遠くから見つけて、自分から駆け寄って抱いて迎えた（ルカ一五・二〇）。神様はそういう方であるということをイエス様はみんなにわかってほしかった。一緒にそのことを喜びたかった。

イエス様の中には、このエレミヤ書第三一章の言葉が響いていたのです。この言葉がイエス様を生かしていたし、この言葉がイエス様を通して人々を生かしていったのです。

七　未来の希望

散らされた者を集められる神

預言者エレミヤは、紀元前六世紀のユダ王国の滅亡に立ち会った、国の滅びを経験した、その時代の預言者です。今まで読んできましたように、多くの困難と嘆きと苦しみを経て、それでも神様の言葉に支えられて、立ち直らされて、神の愛を語ります。

今日はエレミヤ書第三一章一〇節から読んでみることにしましょう。

10 諸国の民よ、主の言葉を聞け。
遠くの島々に告げ知らせて言え。
「イスラエルを散らした方は彼を集め
羊飼いが群れを守るように彼を守られる。」

11 主はヤコブを解き放ち
彼にまさって強い者の手から贖われる。
12 彼らは喜び歌いながらシオンの丘に来て
主の恵みに向かって流れをなして来る。
彼らは穀物、酒、オリーブ油
羊、牛を受け
その魂は潤う園のようになり
再び衰えることはない。
13 そのとき、おとめは喜び祝って踊り
若者も老人も共に踊る。
わたしは彼らの嘆きを喜びに変え
彼らを慰め、悲しみに代えて喜び祝わせる。
14 祭司の命を髄《ずい》をもって潤し
わたしの民を良い物で飽かせると
主は言われる。
15 主はこう言われる。

ラマで声が聞こえる
苦悩に満ちて嘆き、泣く声が。
ラケルが息子たちのゆえに泣いている。
彼女は慰めを拒む
息子たちはもういないのだから。
16 主はこう言われる。
泣きやむがよい。
目から涙をぬぐいなさい。
17 あなたの苦しみは報いられる、と主は言われる。
息子たちは敵の国から帰って来る。
あなたの未来には希望がある、と主は言われる。
息子たちは自分の国に帰って来る。（三一・一〇～一七）

今、読みました一〇節の冒頭に、呼びかけが響いています。

諸国の民よ、主の言葉を聞け。（三一・一〇）

神様が、わたしたちに、多くの人々に、世界中の人々、諸国の民に呼びかけておられる。預言者はその神様の呼びかけを聞くように、呼びかけているのですね。

「主の言葉を聞け」と。

この一言は、いわば信仰にとっては核心の言葉です。信仰とは、自分がこう考えるとか、こう思うとか、こう信じるとかいう以前に、神様が語られる言葉を聞くというところから始まります。「主の言葉を聞け」と呼びかけられている。それでわたしたちは耳を澄まして神様の言葉を聞こうとして集まる。これが信仰にとって一番の中心になることです。

パウロはローマの信徒への手紙でこう言っています。

実に、信仰は聞くことにより、しかも、キリストの言葉を聞くことによって始まるのです。

（ローマ一〇・一七）

信仰は聞くことから始まる。

ところでギリシャ語の原文は、「始まる」とは書いていないのです。「信仰は聞くことから」、と書いてある。それだけでは日本語として落ち着かないので、「始まる」と補ってある。

「信仰は聞くことから」。聞かないと信仰が始まらない。信仰は生まれない、育たないのです。神様の言葉がわたしたちの中に信仰を造っていってくださる。呼び起こしていってくださる。エレミヤは、「主の言葉を聞け」と呼びかけました。

その魂は潤う園のように

次に、神様は、人々に対して何をなさるのか。エレミヤ書第三一章一〇節の三行目からです。

「イスラエルを散らした方は彼を集め、羊飼いが群れを守るように彼を守られる。」主はヤコブを解き放ち、彼にまさって強い者の手から贖われる。(三一・一〇〜一一)

ここに神様が何をなさるかということが四つ書いてあります。動詞が四つあります。

一つ目は、神様は彼を集められる。散り散りになった者たちを呼び集める。

二つ目は、羊飼いが群れを守るように彼を守られる。

三つ目は、「主はヤコブを解き放ち」。何かの強い力、悪い力、苦しいものによって、束縛されている、閉じ込められている、縛られている、そういうものたちを解き放つ、解放すると言われます。

人間を縛る様々な悪しき力というのが、現実にはあります。世間体を気にするというのも一つの束縛です。神様と人のために何がよいかということよりも、世間がどう評価するか、人がどう言うかということで、自分の言葉や行動が制約されてしまう。それは一つの束縛です。けれども、神様は解き放つ。世間体とか、わたしたちが陥る深い悲しみとか、身動きができないような嘆きとか、そういうものから解き放つと言われる。

そして四つ目は、「彼にまさって強い者の手から贖われる」。わたしたちにとって、自分よりも強い力というのはたくさんあります。その自分よりも強い悪しき力によって、わたしたちは閉じ込められたり、握りしめられたり、占領されたりする。しかしその強い者よりも神様は強い。もっと強い神様が、わたしたちを縛っている、閉じ込めている者の手から贖われる。

「贖う」というのは、「救う」という言葉と、最終的には同じです。ただ、「贖う」という言葉には、救い方の中身が込められています。贖うというのは元々物を買うという意味で、代価を払って自分のものにするということです。神様が努力を払って、犠牲を払って、人を救われる。これが贖うという言葉の意味です。

エレミヤがみんなに告げて言ったことは、「神様が集め、守り、解き放ち、贖われる。」その神様の約束の呼びかけと、行動を開始されるその言葉を聞け、聞こう、と呼びかけたのです。

一〇節、一一節は、神様が何をなさるかを語っていました。一二節、一三節になると、今度は神様が呼びかけて働きかけられる人間のほうが、主語になります。神様が解き放ち、贖うと言われる、その相手の人間のほうには何が起こるのか。「主は」ではなく、今度は「彼らは」と主語が変わる。集められた者たちはどうなるのか、どうするのか。

彼らは喜び歌いながらシオンの丘に来て、主の恵みに向かって流れをなして来る。彼らは穀物、酒、オリーブ油、羊、牛を受け、その魂は潤う園のようになり、再び衰えることはない。（三一・一二）

集められた人は、喜び歌いながらシオンの丘に来る、というのです。シオンの丘とは、神様を礼拝する神殿のあるエルサレムの丘の名前です。「神様がおられるところ」という意味合いと響きが込められた言葉です。

喜び歌いながら神様のおられる場所に来る。主の恵みに向かって流れをなして来る。礼拝に集まるというのは、こういうことですね。

主の恵みに向かって流れをなして来る。（三一・一二）

神様が恵みを用意しておられて、そこにわたしたちを集められる。集められたわたしたちは流れをなすようにして恵みのもとに集まってくる。それが礼拝ということです。そういう集まり方をしたいですね。

神様が何を用意して待っておられるか、がその続きに書いてあります。

彼らは穀物、酒、オリーブ油、羊、牛を受ける。（三一・一二）

神様の恵みに向かって流れをなしてくる人々は、こういうものを受ける。穀物、酒、オリーブ油、羊、牛を、神様の恵みとして神様から受けるというのです。

これは遠い昔の話ですけれども、実はこれは聖餐式に関係しています。神から穀物を受ける。穀物とは何かというと、パンです。聖餐式のパンがこれに当たります。穀物で作ったパンを受ける。それから酒を受けるとあります。聖餐式の葡萄酒、ワインです。それからオリーブ油を受ける。オリーブ油というのは、ずっと昔から聖霊を表すものです。神様の励ましの霊を受ける、力づけを受ける。

直接、礼拝の中でオリーブ油は注ぎませんが、意味からいうと、例えば一つ大事なことは懺悔・謝罪です。わたしたちの礼拝の中では、個人の個別的な罪を告白するわけではありません。

共同で懺悔をします。日本聖公会の場合ですが、司祭も懺悔をして皆さんの執り成しをいただいて、会衆が懺悔をして司祭が執り成しの祈りをします。あれは、毎週、毎週、同じ言葉で、すっと通り過ぎてしまうかもしれませんが、あの一般的な懺悔の言葉の中に、わたしの個別的なとがめ、罪を込める、意識する、ということが大事なのです。

わたしはこの一週間の間に、神様を悲しませるようなことをしてしまった、人を愛することができなかった、信頼して祈ることができなかった。一度にたくさんのことを言うわけにはいかないけども、何か一つ具体的な自分の思いを、一般的な表現をとっている懺悔の祈りの中に込めて、神様の前に伏すのです。あるいはまた共通の罪という場合もあります。それに対して司祭は神様の執り成しを伝えます。

司祭はあの場で直接に赦しの宣言をするわけではないのですが、会衆のために神様の赦しを求めて執り成しの祈りをします。懺悔をして、執り成しの祈りを受けるということは、聖霊を受けることなのです。赦しを受けるというのは、神様の励ましを受けることです。そこに一つの出来事が起こるのです。とがめを神様の前に持っていって、それを告白することによって赦しをいただく。赦しをいただくことは、とがめから解放されることです。それはオリーブ油を受けること、聖霊を受けることなのです。

聖餐式の中には、「受けること」が説教以外に三つあります。

一つは赦しを受けること、二つ目は聖餐を通して祝福を受けること。聖餐を受けることもパンと葡萄酒を通して神様の恵みの命を受けることですから、言い換えれば聖霊を受けることなのです。そして三つ目、礼拝の最後に派遣の祝福を受けます。

最後の聖歌を歌う前に、司祭は片付けに時間をかけますが、それには手順があります。残ったパンを食べきって、葡萄酒が余ると飲み干して、それでパンくずは杯に落として飲んで、洗って、ぬぐって、布を掛けて、開いてある布を三つ折りにして――という手順です。その間、少し待っていただいている間、オルガンが鳴っています。

最後に、「父と子と聖霊なる全能の神の恵みが、常に皆さんとともにありますように　アーメン」と祝福します。

最後の祝福を受けて、祝福をいただいた、聖霊をいただいた者として送り出される、派遣される。その送り出しの祝福をしっかり受ける、ということで礼拝は完了するわけです。最後の祝福をしっかり受けてほしい。わたしは司祭として、後ろまで見渡して一人も漏れがないように祝福をしています。礼拝堂の隅々、礼拝堂の外にいる人も含めて、一人一人に神様の祝福が届くように十字を切っています。祝福を皆さんに向かってしているのですから、しっかり受け取ってほしいと思います。

オリーブ油は聖霊の象徴、その聖霊は、赦しと聖餐の祝福、派遣の祝福、そういう三重の仕方で、実はいただいているのだということです。

また一二節には、「羊を受ける」と書いてあります。聖餐式の中で羊を受けているかと考えてみると、聖餐式の聖別の祈りの終わりのほうで、「世の罪を除く神の小羊よ、憐れみをお与えください」と歌いますね。イエス様は世の罪を引き受けて死んでくださった神の小羊。わたしたちの罪を引き受けて、ご自分を捧げてくださった神の小羊であるという「アニュス・デイ」を歌います。聖餐のパンと葡萄酒は、イエス様の命。神の小羊なるイエス様をいただいているわけですから、わたしたちも「羊を受け」ているわけです。

穀物、酒、オリーブ油、羊まで聖餐式に出てくる。

聖餐式とのつながりを意識して考えてみましたが、主の恵みに向かって流れをなしてきた人々が、豊かなものを神様の恵みとして、そこで受け取るということは、わたしたちの礼拝と別のことではありません。

一二節の最後、

その魂は潤う園のようになり、再び衰えることはない。（三一・一二）

神様の恵みを受けた魂は、潤う園のようになる。放っておくと、わたしたちは砂漠のように枯渇していきます。神様はわたしたちが枯れ果てて砂漠になってしまわないように、わたしたちを集めて、その魂を潤される。わたしたちの魂は神様によって潤されて、潤う園のようになる。再び衰えることはない。これを神様がしてくださるのだから、この言葉を聞け、聞こう、とエレミヤは呼びかけました。

一三節は、「そのとき」という言葉で始まります。そのとき、神様がわたしたちを集めてくださって、恵みを満たしてくださるときに、何が起こるか。

そのとき、おとめは喜び祝って踊り、若者も老人も共に踊る。(三一・一三)

神様が集めてくださって、恵みをいっぱい受けさせてくださるそのときに、喜び祝い踊ることが起こるというのです。

礼拝に集められるということは、踊ることに至る。わたしたちの聖公会の礼拝は静かでおとなしいですから、踊りませんが、実際に踊る教会もあります。でも、踊るような思いを与えられる場所であるということです。「若者も老人も」と書いてあります。一部の人だけではないのです。若い人もお年寄りも男性も女性も、近い人も遠い人も一緒に共に踊る。喜びを共にする。その喜びを心と体で表現するのが、踊りです。

実際に礼拝では踊りませんが、踊るような思いで歌を歌いたい。神様に対して喜びの思いを上げたい。それが願いです。

ここで神様ご自身が口を開かれます。

わたしは彼らの嘆きを喜びに変え、彼らを慰め、悲しみに代えて喜び祝わせる。（三一・一三）

わたしはこうすると、神様が進み出て、自ら語り出されました。

これは、特に預言者の書物において顕著なことで、エレミヤ書は、人間エレミヤが語っている言葉を聞いているのですが、いつの間にか、神様の声を直接聞くということが起こります。預言者エレミヤが語っているのですが、いつの間にか、神が自ら語る、行動される。神様ご自身が主語、主体になられる。「わたしは」と言われる神様に触れる。これが信仰にとってとても大事なことです。「わたしは」と言われるその前に、耳を傾けて座る。わたしたちがそこに身を置く。これが信仰にとっての核になることです。

言い換えると、わたしたちは自分に対する固執から解放されるということです。良くも悪くも、わたしたちは自分のことが気になります。自分の状態とか、自分の救いとか救われなさとか、自分の不安とか自分の気がかりとか、自分にとどまっている状態です。ところが、自分から解放されるということが起こるのです。自分への固執から解放されて、神様が語り、行動されることに、わたしの関心が向けられる。自分の中に関心がとどまっているのではなくて、「わたしは」と言われる神様のほうに関心が向く。それが大事です。

祭司の命を、髄をもって潤し（三一・一四）

祭司は、神様と人の間を取り持つ仕事をしている立場ですが、祭司も人間ですから、いろいろ失敗をする。罪を犯す、間違いをする、疲れる、病気をする、倒れる。それが祭司ですね。そういう祭司に対する神様の愛が、ここには書いてあります。「祭司の命を、髄をもって潤す」。神様と人の間に立って苦労している祭司を、神様は潤すと言われるのです。失敗したり、間違いを犯したり、自分でも嫌になったり、人から批判されたり、祭司として立っていけないようになってしまう、そういう祭司を、祭司の命を、髄をもって潤すと神様が言われた。エレミヤは祭司の息子だったのです。

わたしの民を良い物で飽かせると、主は言われる。（三一・一四）

わたしの民、わたしの大事な子どもたち、わたしの大事な人々を、わたしは良い物で飽かせる。良い物の内容は、さきほど穀物、酒、オリーブ油と出てきました。

こういうふうにして一三節の三行目から神様ご自身が進み出てこられて、人々の嘆きを喜びに変え、彼らを慰め、悲しみに代えて喜び祝わせる。わたしがそれをする。わたしが潤し、わたしが良いものでみんなを飽かせる。エレミヤは、「主は言われる」というふうに念を押しました。信仰は、わたしがこう思うということの前に、「神様がこう言われる」というその言葉を聞くことで生きるのです。それは、パウロが先ほどローマの信徒への手紙第一〇章で言った通りです。「信仰は聞くことから始まる。」

八　喜びを与える子

嘆きを聞かれる神

今日はエレミヤ書の八回目で、第三一章一八～二〇節を中心に進めたいと思います。エレミヤ書第三一章は旧約聖書の一つの頂点のようなところです。イエス様よりもおよそ六百年前の時代ですが、そこからはるかにイエスキリストの降誕と十字架と復活を指し示している。そういう箇所がエレミヤ書第三一章です。

18 わたしはエフライムが嘆くのを確かに聞いた。
「あなたはわたしを懲らしめ
わたしは馴らされていない子牛のように
懲らしめを受けました。

どうかわたしを立ち帰らせてください。
わたしは立ち帰ります。
あなたは主、わたしの神です。
19 わたしは背きましたが、後悔し
思い知らされ、腿《もも》を打って悔いました。
わたしは恥を受け、卑しめられ
若いときのそしりを負って来ました。」
20 エフライムはわたしのかけがえのない息子
喜びを与えてくれる子ではないか。
彼を退けるたびに
わたしは更に、彼を深く心に留める。
彼のゆえに、胸は高鳴り
わたしは彼を憐れまずにはいられないと
主は言われる。(三一・一八〜二〇)

一八節は、神様が嘆きの声を確かに聞いた、「わたしはエフライムが嘆くのを確かに聞いた」と言われて始まります。

イスラエルには十二部族というのがあって、その十二部族で全体が構成されていた。エフライムはその中の一つの部族の名前です。だんだんと子孫が増え広がってきて、このエフライム族は非常に有力な部族になりました。ユダ族とともに発展して広がった、影響力を大きく持った部族です。

元をたどりますと、エレミヤの時代からはるか遠い昔に、エフライムという人がいました。イスラエルの大本をなしたのがアブラハムとサラ夫妻です。その子がイサク、その次がヤコブ、その次がヨセフ。そのヨセフが、事情があってエジプトに行き、エジプトで息子が二人生まれた。その一人がエフライムです。ヤコブ一族はエジプトに移住し、数百年後にエジプトを脱出して、かつての故郷の地に帰ってきて、十二部族がそれぞれ土地の割り当てを受けて住んだとされます。それから数百年が過ぎて、エレミヤの時代になりました。

「わたしはエフライムが嘆くのを確かに聞いた」というのは、昔の先祖のエフライムが嘆いていると同時に、今のエフライム族の人々が嘆いている、ということでしょう。

少し説明を加えると、エレミヤから四百年ぐらい前に、ダビデという王様がおりました。その息子がソロモンという王様で、ソロモンは豊かな繁栄の時代を築いたとされる人ですが、実際にはいろいろと問題を残しまして、ソロモン王が死んだときに国が南北に分裂してしまうのです。北をイスラエル、南をユダと呼びます。

北王国の中心になったのがエフライム族です。十部族ぐらい集まって北王国をつくるのですが、圧倒的にエフライム族が力を持った。それで北王国全体のことをエフライムとも言うようになりました。

ですから「わたしはエフライムが嘆くのを聞いた」というときに、エフライム族のことは含めていますけども、エフライム族だけではなくて北王国、イスラエル十部族からなる北王国の人々全体を指しています。

エレミヤが今、神様の言葉を伝えているこの場面では、すでに北王国イスラエルは滅亡したあとなのです。南北に分裂した後、北王国イスラエルはアッシリアという大国に滅ぼされました。南のユダ王国だけが生き残っていて、今それが滅亡寸前という、そういう時代にエレミヤは生きていた。それでも、すでに滅びてしまった北王国の人々が嘆いている。その嘆きを、「わたしは確かに聞いた」と神様が言われます。

その聞こえている声というのは、必ずしも大きなはっきりした声ではないのです。むしろ、ささやきとか、つぶやきとか、小さな声。それを神様が、「わたしは確かに聞いた」と言われるのです。これはエレミヤの時代のことであると同時に、今のわたしたちにとっても当てはまることです。わたしたちの心のささやきとか、つぶやきとか、声にならないような嘆きとか、悔いとか、そういうものを「わたしは確かに聞いた」と言われるのが、神様だということです。

神様が、「わたしは確かに聞いた」と言われるそのエフライムの嘆きというのは、どういうものであったか。一八節の二行目から、少しずつ聞いてみましょう。

あなたはわたしを懲らしめ、わたしは飼い慣らされていない子牛のように、懲らしめを受けました。（三一・一八）

これはおそらく、北王国イスラエルがアッシリアによって滅びたときに、どうしてこういう不幸がわれわれに起こったのかということを考えて、それは自分たちが神様に背いたためであると。神様に背いて、別なものを拝んだり大事にしたりして道を誤った。そのゆえに自分たちは神様から懲らしめを受けているのだと、こう思って嘆いている。そういう声を、神が聞かれたということでしょう。

牛が畑を耕すようになるまでには、牛を躾けないといけない。躾けて、上手に鋤を引いて耕すようになるまでに、だんだんと年数をかけて調教をしていく、そういうことが背景にあるのでしょう。けれども、自分たちがやってきたことというのは、慣らされていない子牛のように暴れまくってきた。それで、神様から離れて、結局、懲らしめを受けて自分たちの国は滅びたのだ。そういう悔い、嘆きを神様は聞いた、と言われるのです。

立ち帰らせてください

続きを見ましょう。

どうかわたしを立ち帰らせてください。わたしは立ち帰ります。あなたは主、わたしの神です。わたしは背きましたが、後悔し、思い知らされ、腿を打って悔いました。わたしは恥を受け、卑しめられ、若いときのそしりを負って来ました。（三一・一八～一九）

「どうかわたしを立ち帰らせてください」と祈っています。おそらくエフライムという言葉で代表されている、その悔いている人々、嘆いている人々は、自分がいかに神様から離れてきたかということを十分感じて悔いているのですが、自分の力で神様に帰ることができないのです。帰りたいという思いは持っているのですが勇気がない、心配とためらいがあって、神様のもとに帰りたくても、帰れない。そういう中で嘆いている、祈っているのです。

どうかわたしを立ち帰らせてください。わたしは立ち帰ります。あなたは主、わたしの神です。（三一・一八）

この人は帰るべき方は神様のほかにないということを知って、神様を心の中で呼んでいるけれども、平安を得ていない。それで、「思い知らされ、腿を打って悔いた」とか、「わたしは恥を受け卑しめられた」とか、自分の嘆きを、いくつもいくつも訴えているのです。

これは自分の気持ちのことでもあるし、同時に、アッシリアという巨大な国が侵入してきて、町や村をめちゃくちゃに破壊していった。そういう実際に起こった出来事と両方を含めています。現実に起こった目に見える出来事と、心に負った傷と両方含めて、恥を受けて卑しめられて、そしりを負って来た。それで、帰りたい、神様のもとに帰りたい、帰らせてください、と祈っています。けれども、帰る力がない。心で呼んでいるけれど平安がない。そういうエフライムの嘆きを、神様が「確かに聞いた」と言われるのです。

ここまでが今日の箇所の、いわば前半に当たります。

わたしのかけがえのない息子

エフライムはわたしのかけがえのない息子、喜びを与えてくれる子ではないか。彼を退けるたびに、わたしは更に、彼を深く心に留める。彼のゆえに、胸は高鳴り、わたしは彼を憐れまずにはいられないと、主は言われる。（三一・二〇）

「嘆きを確かに聞いた」と言われる神様自身が口を開かれます。

エフライムはわたしのかけがえのない息子（三一・二〇）

今までは神様が黙ってエフライムの嘆きを聞いておられたのですけれど、もう黙っていられなくなった。神様の内側にわき起こってきた思いがあふれ出てくる。嘆きの声を聞いておられた神様は、その嘆いているあなたがたは、わたしのかけがえのない息子、大事な、大事な子どもであると言われるのです。しかも、

喜びを与えてくれる子ではないか（三一・二〇）

と言われる。「嘆いて、背いて、離れていった、そのエフライム、イスラエルは、わたしの大事な息子である。この子によってわたしは喜びを与えられてきた。喜びを与えてくれる大事なわが子、それがあなたがただ」と神様は言われるのです。

彼を退けるたびに、わたしは更に、彼を深く心に留める。（三一・二〇）

何度も、背いて、離れて、自分で災いを招いてきた、そういう人々、そのイスラエル、エフライムを、神様があるときは、憤ったり、退けたりしてきた。けれども、退けながら、退けるたびに、「わたしは更に深く心に留める」。退けるたびに、神様の心は痛むのです。退けるたびに神様の内には痛みが起こって、深くその子どもへの思いが溢れてきた。ここまで神様が自分の感情を表現される箇所は、聖書の中でも少ないです。

あるときは神様が姿を隠しておられる。しかし、ここは神様が前に出てこられて、ご自分の気持ちを本当にあらわに表現されている、そういう箇所です。とても大事なところです。

彼のゆえに胸は高鳴り

二〇節の五行目、

彼のゆえに、胸は高鳴り（三一・二〇）

エフライム、背いて自分から滅びを引き寄せた嘆きのうちにある人々、そのわたしの大事な子どもである背いたイスラエル、エフライムのゆえに、神様の胸が高鳴るというのです。

「彼のゆえに胸は高鳴り」と訳されていますが、ここは「胸」と訳されたり、「はらわた」と訳されたり、いろいろな訳があります。英語では「バウエル（bowel）＝腸、はらわた」という訳もあります。

これは、ヘブライ語では「メーエー」という言葉で、胃とか、腸とか、はらわたとか、それから女性の子宮という意味もあります。人間の感情がわき起こってくる場所。人の体と心の一番深いところの、そこから感情がわき起こってくる座、場所。それを「メーエー」と言うのです。ですから、ここは神様の思いが表面ではなくて、神様の体と心の一番深いところから現れて溢れてくる。それが「胸は高鳴り」です。もっとも深いところから起こる神様の共感共苦、一緒に感じて一緒に苦しむ激情、激しい神様の思い、人々を愛される愛。それが「胸は高鳴り」という言葉に込められているのです。ですから「胸は高鳴り」という訳で全部を言い切れているわけではない、もっと深いものが、ここには込められています。

次の行も、もう一度読みましょう。

わたしは彼を憐れまずにはいられないと、主は言われる。（三一・二〇）

彼を憐れまずにはいられない、この「憐れむ」と訳された言葉が、また、子宮という単語からきている言葉です。「レヘム」とか「ラハム」とかいう言葉で、訳には直接表せない意味合いがあります。これは、いわば、神様が、母親としての思いを表しておられる、そういう表現です。

神様が男性か女性かと言えば、皆さんはどう思われますか。神様は「父なる神」と言うから、男性だと思われているかもしれませんが、神様は男性というわけではないのです。もとが神様で、神様から、男と女、あらゆる人が造られてきたから、神様は男性というわけではない。ですから「父なる神」と、男性として表現する場合が多いですが、男性と限ったわけではなくて、父でもあり、母でもあるのですね。この二〇節後半では、特に「母なる神」として、ご自分を表現されている、そういう大事な箇所です。

「おなかを痛めて産んだ子」という表現があります。子どものために自分のおなかが苦しい。背いて、離れて、さんざんなことをやってきた、その子どもを愛するがゆえに、おなかが苦しいと言っておられる、そういう神様の激しい思いが、二〇節に表現されているということです。

嘆いている、悔いている人たちの声を聞いて、神様が、もう自分を抑えることができなくて、

エフライムはわたしのかけがえのない息子、喜びを与えてくれる子ではないか。彼を退けるたびに、わたしは更に、彼を深く心に留める。彼のゆえに、胸は高鳴り、わたしは彼を哀れまずにはいられない（三一・二〇）

と言われるのです。

エレミヤが、そういう神様の思いと声と言葉を伝えてくれた。こういう神様の思いと言葉を伝

えるときに、エレミヤ自身のおなかが苦しいのです。こういう神様の激情をエレミヤが人々に伝えるときには、エレミヤ自身のおなかや胸が、ものすごく痛んでくると同時に、神様の溢れてくる愛を、エレミヤは激しく感じる。そのようにして彼は人々に伝えました。

エレミヤ自身の激しい苦しみ、感情、気持ちの大きなうねりは、以前に言及した第四章一八節以下、また第一三章一七節にも出て来ました。

預言者も、イザヤ、エレミヤ、エゼキエル、そのほか何人もいますが、ここまで激しい感情を言葉として表現して残したのは、エレミヤが非常に著しいと思います。エレミヤは特別な預言者というか、特別な存在です。神様のご用をしているのですが、人として味わう苦しみをあらわにします。それがエレミヤの特徴であり、読んでいて苦しいところでもあり、素晴らしいところでもあると思います。

神はわたしたちを、ご自分の子として愛し、「わたしのかけがえのない息子、喜びを与えてくれる子ではないか」と言われたように、わたしたちをご自分の子として愛し、わたしたちのゆえに、激しく心を燃やされる。

この神様に招かれて、自分の力では帰ることはできないけれど、帰らせていただく。招かれて、この方のもとに帰って、赦しと祝福を受ける。「あなたには生きて歩む意味がある、あなたには使命がある、わたしがあなたに託したいことがある」と言われて、託されて、神様の目的のために世界に派遣される。招かれて、赦しと祝福を受けて、使命を託されて、神様の目的のために世界に派遣される。目的というのは、愛と正義と平和の実現です。

これが具体的に起こる場所が礼拝です。礼拝だけではないですが、くっきりと与えられる機会、チャンスというのが礼拝です。神様が、イエス様が招いておられるので、神様のもとに、イエス様のもとに帰らせていただく。いろいろ後悔することを抱えているわたしたちを赦していただく。そして祝福をいただく。

これは特に聖餐というかたちで、口にして味わう仕方でキリストの命を受けて、そこで使命を託される。パンと葡萄酒を受けるときに、聖餐は大事な尊いものですが、大事で尊い畏れ多いだけでは、それは半分なのです。これは聖餐をいただくとき、わたしたちは同時にイエス様の願いを、使命を託される。神様がご自分のもとに招いてくださった、大事な息子・娘であるわたしたちに、ご自分の愛を注いで、生きる意義と使命を託してくださる。それを受けるのが、聖餐を受けるということです。

今日、エレミヤ書を読んだことから礼拝の意味についても考えさせられます。

九　主による新しい創造

イスラエルよ、立ち帰れ

今日は、エレミヤ書第三一章二一節から二六節までを中心に読みたいと思います。

21道しるべを置き、柱を立てよ。
あなたの心を広い道に
あなたが通って行った道に向けよ。
おとめイスラエルよ、立ち帰れ。
ここにあるあなたの町々に立ち帰れ。
22いつまでさまようのか
背《そむ》き去った娘よ。

主はこの地に新しいことを創造された。
女が男を保護するであろう。

23 イスラエルの神、万軍の主はこう言われる。
わたしが彼らの繁栄を回復するとき、ユダとその町々で人々は、再びこの言葉を言うであろう。
「正義の住まうところ、聖所の山よ
主があなたを祝福されるように。」
24 ユダとそのすべての町の民がそこに共に住む。農民も、群れを導く人々も。わたしは疲れた魂を潤し、衰えた魂に力を満たす。
ここで、わたしは目覚めて、見回した。それはわたしにとって、楽しい眠りであった。
（三一・二二～二六）

道しるべを置き、柱を立てよ。あなたの心を広い道に、あなたが通って行った道に向けよ。
おとめイスラエルよ、立ち帰れ。ここにあるあなたの町々に立ち帰れ。（三一・二一）

呼びかける声が響いています。神様が背き去った人々に自分のもとに帰ってくるように呼びかけておられます。しっかりと迷わずに戻ってきてほしいので、道しるべを置いてとか、通って行った道を、離れて行った道を逆方向に戻ってくるようにと、呼びかけておられるのです。

これは、前回の第三一章一八節とつながっています。一八節では、イスラエルの人々が嘆いて祈っている言葉がありました。

「あなたはわたしを懲らしめ、わたしは馴らされていない子牛のように、懲らしめを受けました。どうかわたしを立ち帰らせてください。わたしは立ち帰ります。あなたは主、わたしの神です。」（三一・一八）

神様はその声を受け止めて、「立ち帰らせてください」と祈った人々に向けて「立ち帰れ」「待っているからしっかりと戻ってくるように」と呼びかけておられるのです。

神様が待っておられるというのは、新約聖書のイエス様の話の中でも、とても大事な呼びかけです。

イエス様が話された喩《たと》え話の一つに、「放蕩息子の帰郷」という話があります（ルカ一五・一一〜）。お父さんのところから、財産の分け前全部を持って家を出て行った弟息子の話です。親から離れて、やりたい放題やったのですが、長くは続きませんでした。持っていったものを全部使い果たして、お父さんのもとに帰ってくる、という話です。そのときに、このお父さんが、遠くから帰ってくる息子を見つけて、お父さんのほうから走り寄って抱きかかえて接吻して迎えた。そういう話をイエスがなさいました。神様は、そのように子どもを待って迎えて喜ぶ、そういう方であると語られた。そのことにつながっていく箇所でもあります。

二一節で「立ち帰れ」とエレミヤが神様の言葉を伝えて呼びかけています。これは実はエレミヤ書の初めのほうから呼びかけられていた言葉なのです。四章に同じ言葉が言われていました。

「立ち帰れ、イスラエルよ」と
主は言われる。
「わたしのもとに立ち帰れ。
呪うべきものをわたしの前から捨て去れ。
そうすれば、再び迷い出ることはない。」（四・一）

初めから、神様はエレミヤを通して「戻って来るように、立ち帰るように」と呼びかけておられた。エレミヤの活動は、何十年にもわたって続けられましたが、エレミヤがだいぶん年老いた頃に、もう一回あらためて、初めからの神様の呼びかけを伝えたというのが、三一章二一節ということになります。

主による新しい創造

いつまでさまようのか、背き去った娘よ。（三一・二二）

さまよっている。神様から背き去って出て行ってしまったけれど、大事な娘。息子とよんだり、娘と言ったり、両方がありますが、「いつまでさまようのか」と。「帰ってきてほしい、帰ってきなさい」と呼びかけられているのです。

主はこの地に新しいことを創造された。女が男を保護するであろう。（三一・二二）

面白いところです。世界と人間の闇があまりに深くて、人間の生活もこの世界も回復不可能というくらい、どうしようもない事態になってしまったときに、神様が新しい創造を行われる。人間の闇が深いときに、人間の目から見たら回復不可能、絶望して滅びるしかないと思っている中で、神様は新しい創造を行われる。

エレミヤ自身は、この紀元前七世紀、六世紀に生きて、闇を嫌と言うほど見てきたのです。王様から民衆に至るまですっかり堕落して、沈んで行くしかない。礼拝をしても、心がこもってないから形式だけ。そうして結局はバビロニアに滅ぼされていく。今まさに、その途中にある。現実を見たら闇しかない。そういう中でエレミヤは苦しんでいたのです。

エレミヤの見ていた現実というのを第四章から見ましょう。

22 まことに、わたしの民は無知だ。
わたしを知ろうとせず
愚かな子らで、分別がない。
悪を行うことにさとく
善を行うことを知らない。

23 わたしは見た
見よ、大地は混沌とし
空には光がなかった。

24 わたしは見た。
見よ、山は揺れ動き

すべての丘は震えていた。
25 わたしは見た。
見よ、人はうせ
空の鳥はことごとく逃げ去っていた。
26 わたしは見た。
見よ、実り豊かな地は荒れ野に変わり
町々はことごとく、主の御前に
主の激しい怒りによって打ち倒されていた。（四・二三～二六）

二二節は、神様の嘆きです。「愚かな子ら」と言われますが、「わたしの民」、神様の大事な子どもなのです。

そして、エレミヤがその神様の嘆きを感じながら、世界を見るのは二三節です。「わたしは見た」と、四回エレミヤは繰り返します。この世界の闇を見ているのです。大地は混沌、空には光がない。これは天地創造以前の混沌状態です。エレミヤが見た現実というのは、創世記の一番初めに描かれていた、あの創造以前の世界に戻っているということです。

創世記の初めを見ましょう。

初めに、神は天地を創造された。地は混沌であって、闇が深淵の面《おもて》にあり、神の霊が水の面《おもて》を動いていた。（創世記一・一〜二）

創造以前、地は混沌であった。闇であって、光がなかった。エレミヤは、創造以前の混沌に、闇に、この世界が戻ってしまっているのを見ていました。これほど深い闇はない。これほど回復不可能な絶望はない。もう預言者はそこまで見ていました。

けれどもエレミヤは、闇を見ただけで終わったのではありません。混沌と闇にこの世界が戻ったとしたら、かつて神様がなさった創造の業、創世記第一章三節に、

神は言われた。

「光あれ。」

こうして光があった。神は光を見て、良しとされた。神は光と闇を分け…。（創世記一・三）

というふうに、光を創造して世界を造っていかれたこのことを、もう一回神様はなさる。それがエレミヤの語ったことでした。もう混沌と闇しかないという現実を見ながら、けれども、混沌と闇に戻ってしまったこの世界に、神様が新しいことを創造される。

エレミヤ書に戻ります。三一章の二二節の三行目です。

主はこの地に新しいことを創造された。（三一・二二）

預言者エレミヤは、今起こりつつあること、これから起こることを、もう起こってしまったかのように言う。それほど神様のなさる業というのははっきりしていて、確実だということです。闇と混沌しかないように思われるこの世界に、この地に、主はこの地に新しいことを創造される。光と秩序を、もう一回造り出していかれる。

その具体的な内容が、

女が男を保護する（三一・二二）

ということなのです。これは世の中の常識を覆すことでした。旧約聖書のこの時代は、男が女を保護するのが当然。それどころか女は人格を認められなくて、男の所有物扱いというようなことが多くありました。

ところが神様は新しいことを創造されるというときに、世の中の常識をひっくり返してしまわれる。女が男を保護する。神様がなさる新しい創造の業をエレミヤは示されて語ったのでした。

これはイエス様の誕生、クリスマス物語と通じ合います。

人間が救われるとか、世界が救われるというのは、巨大な力で行われると普通は思われています。ところが神様の救いの業というのは、赤ちゃんから始まったのです。握ったらひねりつぶしてしまえるような、弱い、危うい存在。そういう姿に神様はご自分を託して、その赤ちゃんのイエス様を通して救いを始められた。これがクリスマスの出来事です。巨大な力ではなくて、危うい生命に、神様は救いを託された。

この赤ちゃんを見たときに、人の気持ちが変わっていく。権力を握って、威張って、ふんぞり返って人を支配していくような世の中のあり方ではなくて、危うい命を大切にしていく。そのように神様はこの世界を救っていこうとされた。ですから、宮殿で帝国の支配者として救い主が登場したのではなくて、宿るところもないベツレヘムの、家の中でなくて飼葉桶の中に救いの始まりが起こった。赤ちゃんが世界を救うという、新しいことを神は創造された。このように、この箇所はクリスマスにもつながっていくのです。

正義の住まうところ

イスラエルの神、万軍の主はこう言われる。わたしが彼らの繁栄を回復するとき、ユダとその町々で人々は、再びこの言葉を言うであろう。「正義の住まうところ、聖所の山よ、主があなたを祝福されるように。」(三一・二三)

「聖所の山」というのは、具体的にはエルサレムのシオンの丘です。エルサレムは、八百何十メートルの山の上にあります。山の上、この山の東側にシオンと呼ばれる地域があって、そこにエルサレムに神殿が建てられた。その神殿の奥深いところに神様がおられると信じて、人々は礼拝をしてきた。そういう長年の歴史があります。

しかしエレミヤの時代には、もうその大事な神様が住まわれるところ、エルサレムの神殿には正義が失われている。礼拝はなされているけれども、その礼拝の精神が、神様を裏切っている。いくら礼拝をしても、現実に人が圧迫され、つぶされ、迫害されて、命が奪われている。そういうことには無関心で、自分が願っているのは金儲け、人の上に立って権力をふるうこと、人から褒められること。そういう精神で礼拝をやっている。それが、エレミヤが見ていた現実です。正義が失われている。礼拝と生活の中に正義を回復しなければならない。

正義が住まうところ（三一・二三）

正義がそこに存在してほしい。そうであってこそエルサレムの神殿に神様を本当に迎え入れることができる。そういう礼拝にならなければならない。国と人々と礼拝は正義が回復されて、人々は聖所の山のために祝福を祈る。エレミヤはその美しい光景を見ます。

「正義」という言葉は、あまり教会では使わない言葉、聞き慣れない言葉かもしれません。それどころか避けられがちかもしれません。しかし、この「正義」というのは聖書の中の大事な精神なのです。

創世記第一八章一六節以下を見ましょう。「ソドムのための執り成し」という表題が付いています。

その人たちはそこを立って、ソドムを見下ろす所まで来た。アブラハムも、彼らを見送るために一緒に行った。主は言われた。
「わたしが行おうとしていることをアブラハムに隠す必要があろうか。アブラハムは大きな強い国民になり、世界のすべての国民は彼によって祝福に入る。」（創世記一八・一六〜一八）

アブラハムが一番初めに神様の呼びかけを聞いたときに、「あなたは祝福の源となる」（創世記一二・二）と言われて、「祝福を世界に広げていくためにあなたは生きるのだ」、「あなたの子孫もそうである」と言われたのです。そのことを、ここでもう一度、神様が再確認をなさっている言葉です。

「わたしがアブラハムを選んだのは、彼が息子たちとその子孫に、主の道を守り、主に従って正義を行うよう命じて、主がアブラハムに約束したことを成就するためである。」（創世記一八・一九）

神様が、なぜアブラハムを選んだかと言うと、それはこのためです。

主の道を守り、主に従って正義を行う。（創世記一八・一九）

アブラハムとその子孫が、正義を行うことを通して、神の祝福は世界に広がっていく。こう言われたのです。

正義というのは、身近な事柄も、世の中全体に対しても、狭い意味も広い意味も、両方含んでいます。正義というのはどういうことでしょうか。

人が人を踏みつけることをやめること、これが正義です。奪われた尊厳が回復されること、心からの謝罪と償いがなされること、これが正義です。悲しみと苦しみの原因が除かれ、慰めと、癒しと、喜びが実現していく、これが正義ということです。

一人一人の間でも、世の中全体においても、正義が実現すること。それを通して神様の祝福は広がっていく——これが神の民の出発においてアブラハムが聞かされ、そして使命として託されたことでした。

正義を失えば神様の祝福も損なわれてしまう。ここに至っては神の民イスラエルをつくり直すしかない。これがエレミヤに示された神の決意でした。

エレミヤ書にもう一度戻ります。エレミヤ書第四章は非常に大事なので、初めからもう一度見ましょう。

「立ち帰れ、イスラエルよ」と
主は言われる。
「わたしのもとに立ち帰れ。
呪うべきものをわたしの前から捨て去れ。
そうすれば、再び迷い出ることはない。」(四・一)

その続きの二節が、今の関連で非常に重要です。

もし、あなたが真実と公平と正義をもって
「主は生きておられる」と誓うなら
諸国の民は、あなたを通して祝福を受け
あなたを誇りとする。（四・二）

これは、先ほどの創世記第一八章に示された神の民のありようを回復させるための言葉です。

これは、教会のことでもあります。教会が神を見失って自己目的、自己正当化に陥ったりしたら、それは正義を失うことであり、祝福を損なうことです。教会は、教会の中だけがよかったらよいのではありません。教会は、教会を通して神様の祝福が世界に広がっていくために存在するのです。これが、アブラハム以来の神の民の意味であり使命です。

神様は祝福を広げていってほしいと願われる。教会はその神の願いの実現のために呼び集められました。わたしたちの間で、また世界で、人が人を踏みつけることが終わり、人が人を生かしていくようになっていくことを願い、それを行う。そうして、教会は祝福されて、教会を通して世界に神の祝福が広がっていく。これが聖書の精神の根幹です。

わたしは目覚めて

エレミヤ書第三一章に戻りまして、二四節です。

ユダとそのすべての町の民がそこに共に住む。農民も、群れを導く人々も。わたしは疲れた魂を潤し、衰えた魂に力を満たす。（三一・二四〜二五）

この時代の人は、皆、疲れ果てている。良いことが何もなく、嫌なこと、つらいことばかりの連続で、とりわけ良心的な人々が疲れ果てている。

わたしは疲れた魂を潤し、衰えた魂に力を満たす。（三一・二五）

疲れ果てた魂が、カラカラに渇ききっている。その魂を潤す、と神様が言われます。「疲れた魂を潤す」と言われ、「衰えた魂に力を満たす」と言われます。エレミヤもエレミヤの言葉を聞いていた人々も、しばらくは神様が潤してくださる魂と、満たしてくださる力を思って、静かに安らぎを与えられていました。やがて、ふっと目が覚めました。

ここで、わたしは目覚めて、見回した。それはわたしにとって、楽しい眠りであった。(三一・二六)

正義が失われたエルサレムとその神殿に、再び正義が住まう。神が人々を祝福してくださる。神の民が祝福を受けて、世界中の人々にその祝福が広がっていく。疲れた魂が癒される。疲れ果てた魂のエレミヤを神は眠らせ、夢を見させられました。楽しい眠りでした。

楽しい眠りで夢を見ていた。この夢というのが大事なのですね。神様は、わたしたちに夢を見させてくださる。幻を見させてくださる。つらい現実ばかりを見ていると、現実に飲み込まれてしまいますので、その中に飲み込まれてしまわないように、神様が夢を見させてくださるのです。

これが聖霊ということです。エレミヤ書には「霊」という言葉はあまり出て来ないのですが、楽しい眠り、夢が出て来ました。

少し前後しますが、もう一人、ヨエルという預言者がいまして、ヨエルの預言の中にその夢、幻というのがくっきり出てくるところがあるので、開いてみることにします。

ヨエル書第三章、「神の霊の降臨」という表題が付いています。

その後《のち》
わたしはすべての人にわが霊を注ぐ。
あなたたちの息子や娘は預言し
老人は夢を見、若者は幻を見る。
その日、わたしは
奴隷となっている男女にもわが霊を注ぐ。（ヨエル三・一～二）

「その後」という「その」が何を意味しているでしょうか。闇が、耐え難い苦しみ、混乱、失望が、ずっと続いたその後なのでしょう。

その後、わたしはすべての人にわが霊を注ぐ。（ヨエル三・一）

神様が「わが霊を注ぐ」と言われます。霊を注がれると何が起こるか。

あなたたちの息子や娘は預言し、老人は夢を見、若者は幻を見る。（ヨエル三・一）

夢と幻というのが出てきました。これが、さきほどのエレミヤが「眠っていた間に楽しい夢を見た」という箇所とつながります。現実ばかりを見ていたら、飲み込まれて、疲れて、倒れるしかない。そういう中で、神様が聖霊を注いでくださって、夢を見させてくださる。幻を見させてくださる。

若者だけが夢を見るというのでありません。「老人は夢を見る」と書いてあります。若者も幻を見る。神様が、世代を超えて、現実を乗り越えさせる可能性を見させてくださる。

老人は夢を見、若者は幻を見る。その日、わたしは、奴隷となっている男女にもわが霊を注ぐ。（ヨエル三・一～二）

奴隷という言葉が出てきました。奴隷が、一番現実に可能性がない人たちです。人から使われるだけで、二四時間拘束されて自由がない。働かせられるだけ働かされて、疲れて病気をしたら終わり、次の交代要員に取り替えという、人権を無視されている状態の人間が奴隷です。

そういうことはあってはならないのですが、それが起こってしまっている。可能性が、自由がない。そのような奴隷になっている人々にも、神様はご自分の霊を注がれる。奴隷にされてしまっている人々にも、夢を見させる。奴隷が奴隷の束縛から解放される日を、見させてくださる。

このようにして、現実の囚われから自由にされて、神様が創り出してくださる新しい働きに、わたしたちは引き出される。夢、ビジョン、幻。それを見させるのが神様の霊なのです。

言い換えると、希望を持って未来に向かって生きるようにさせてくださるのが聖霊です。現実を見れば、先の可能性がなくなってしまうことがある。けれども、未来に向かって希望を与えられて、生きるようにさせてくださるのが聖霊ということです。

これがイエス様よりもはるか数百年前に語られた言葉なのですが、イエス様以降に、現実になったのが、聖霊降臨の出来事です。それを最後の締めくくりとして見ておきましょう。新約聖書の使徒言行録第二章の始まりのところです。聖霊が降《くだ》る。これはヨエル書につながってくるのです。

五旬祭の日が来て、一同が一つになって集まっていると、突然、激しい風が吹いて来るような音が天から聞こえ、彼らが座っていた家中に響いた。そして、炎のような舌が分かれ分かれに現れ、一人一人の上にとどまった。すると、一同は聖霊に満たされ、〝霊〟が語らせるままに、ほかの国々の言葉で話しだした。（使徒言行録二・一～四）

「あなたたちの息子や娘は預言する」と言われた通りのことが、ここで起こったのです。興奮状態になっていて、表に出てきていろいろ語り出したので、それを見た一部の人たちが言いました。

しかし、「あの人たちは、新しいぶどう酒に酔っているのだ」と言って、あざける者もいた。（使徒言行録二・一三）

それに対してペテロが立ち上がって言いました。

「今は朝の九時ですから、この人たちは、あなたがたが考えているように、酒に酔っているのではありません。そうではなく、これこそ預言者ヨエルを通して言われていたことなのです。

『神は言われる。
終りの時に、
わたしの霊を全ての人に注ぐ。
すると、あなたたちの息子と娘は預言し、
若者は幻を見、老人は夢を見る。
わたしの僕やはしためにも、
そのときには、わたしの霊を注ぐ。すると、彼らは預言する。』」(使徒言行録二・一五〜一八)

ヨエルが数百年前に語っていたことが、ここにおいて現実になった。世の中があまりにもひどいので、世の中を造り変えるために神様が霊を注いで、救いの運動を始められた。これが教会の誕生です。祝福を世界に広げていくために教会がつくられて、活動をし始めた。聖霊が注がれて、人々が語り出した。現実に圧倒されていた人々が、夢を与えられて、ビジョンを与えられて、将来に向かって希望を語り出して、それが広がっていった。

これがキリスト教の始まりです。

わたしたちの信仰の中には、夢があるのです。世の中と自分がどんなに闇が深くても、神様の救いの業《わざ》は実現していく。そういう夢を与えられているのが、信仰ということです。

エレミヤ書第三一章二六節に、「楽しい眠りであった」というところがありました。それは、寝ているときだけの夢ではなくて、現実の世界を造り変えていかれる神様の働きを、あらかじめ知らされたということだったのです。

十　新しい契約

再建─神の計画と決意

エレミヤ書第三一章は、エレミヤ書全体のクライマックスで、六百年ぐらい後のイエス・キリストを指し示している大事な箇所です。新しい契約の予告が出てきます。

新しい契約を結ぶ日が来る。（三一・三一）

この新しい契約が、イエス・キリストの到来で実現していく。六百年前からはるかに将来を見通していた箇所です。契約という言葉だけですと中身がはっきりしないので、それはどういうものかを、三一章の初めから少しずつ味わってきました。

今日は、エレミヤ書第三一章二七節から読み進んでいくことにします。

見よ、わたしがイスラエルの家とユダの家に、人の種と動物の種を蒔く日が来る、と主は言われる。かつて、彼らを抜き、壊し、破壊し、滅ぼし、災いをもたらそうと見張っていたが、今、わたしは彼らを建て、また植えようと見張っている、と主は言われる。その日には、人々はもはや言わない。

「先祖が酸いぶどうを食べれば
子孫の歯が浮く」と。

人は自分の罪のゆえに死ぬ。だれでも酸いぶどうを食べれば、自分の歯が浮く。見よ、わたしがイスラエルの家、ユダの家と新しい契約を結ぶ日が来る、と主は言われる。この契約は、かつてわたしが彼らの先祖の手を取ってエジプトの地から導き出したときに結んだものではない。わたしが彼らの主人であったにもかかわらず、彼らはこの契約を破った、と主は言われる。しかし、来るべき日に、わたしがイスラエルの家と結ぶ契約はこれである、と主は言われる。すなわち、わたしの律法を彼らの胸の中に授け、彼らの心にそれを記す。わたしは彼らの神となり、彼らはわたしの民となる。そのとき、人々は隣人どうし、兄弟どうし、「主を知れ」と言って教えることはない。彼らはすべて、小さい者も大きい者もわたしを知るからである、と主は言われる。わたしは彼らの悪を赦し、再び彼らの罪に心を留めることはない。（三一・二七〜三四）

二七節、

見よ、わたしがイスラエルの家とユダの家に、人の種と動物の種を蒔く日が来る（三一・二七）

この背後には、人も動物も命が大量に奪われて失われてしまっている、という悲しい現実があります。そういう中で、将来もう一度、命が増え広がっていくという予告ではないでしょうか。

かつて、彼らを抜き、壊し、破壊し、滅ぼし、災いをもたらそうと見張っていたが、今、わたしは彼らを建て、また植えようと見張っている、と主は言われる。（三一・二八）

かつては、壊そうとして見張っていたが、今は建てようとして見張っていると、そう神様が言われる。神様が再建を計画し、実行しようという決意表明をされている言葉です。「見張っている。」この崩壊した現実を建て直す決意をもって、見ておられるということです。これは、ずっと前に読みました、エレミヤ書の一番初めのところと呼応してつながっています。エレミヤ書第一章の召命物語の中でこう言われていました。

見よ、今日、あなたに、諸国民、諸国王に対する権威をゆだねる。抜き、壊し、滅ぼし、破壊し、あるいは建て、植えるために。（一・一〇）

この言葉を、エレミヤが若いときに聞いて、それから数十年経って、再び同じ言葉を聞かされます。あなたを通して、神様がいったん破壊して、再建すると言われていた。そのことをもう一回、もっと具体性をもって聞かされているのが、三一章の言葉です。

かつてエレミヤが預言者として召されたときに、「見張っている」という言葉を聞いたのでした。

「エレミヤよ、何が見えるか。」わたしは答えた。「アーモンド（シャーケード）の枝が見えます。」主はわたしに言われた。「あなたの見るとおりだ。わたしは、わたしの言葉を成し遂げようと、見張っている（ショーケード）。（一・一一～一二）

それを数十年後にもう一度聞かされる。今回の中心は、「神様の再建計画の実行」ということにあります。

宿命論の終わり

三一章に戻ります。

今、わたしは彼らを建て、また植えようと見張っている、と主は言われる。（三一・二八）

崩れ落ちているようなこの世の中の、また人間の現実を見て、それを建て直すと神様は言われます。そのときに、どうしても覆さなければいけない現実があります。覆さなければ、克服しなければいけない現実というのがあります。それは何かというと、宿命論です。「どうせこのようなものだ。こんなことでしかない」という宿命論が、人々を捉えてしまっている。その宿命論を克服しなければいけない。

当時、あることわざが大流行していました。人の気持ちや生活にまで影響を及ぼすことわざの大流行。それは何であったか。

先祖が酸いぶどうを食べれば、子孫の歯が浮く。（三一・二九）

こういう言葉がはやりました。これは、何を言っているかというと、もうユダ王国は崩壊寸前なのですが、全然将来が見えない。起こっているのは、崩壊、闇、絶望ばかりです。こういうことになったのは、先祖のせいだというのですね。

先祖が悪いことを重ねてきてしまった結果が、今のこの崩壊をもたらしてしまった。もう我々はどうしようもない。先祖が酸っぱいぶどうを食べたせいで、子どもたちの歯がその酸っぱさで浮くというのです。原因は先祖にあって、先祖のせいでこういう目に我々は遭う。宿命だ。もうどうしようもない。ただ、我々は滅びていくしかない。それが、当時流行した「先祖が酸いぶどうを食べれば、子孫の歯が浮く」ということわざでした。

これを神様は許せない。こういう言葉が人々を捉えてしまっている現実を、打破しなければならない。それで二九節の初めに神が言われます。

その日には、人々はもはや言わない。（三一・二九）

彼らが今言っていることを、もはや言わない、言わせない。このことわざは終わらせる。そう神が言われます。この宿命論を神は終わらせる。一人一人が決意をして、責任を持って生きることによって、未来は開けるのだ。

神が未来を創造されるから、わたしたちも未来に希望を持つことができる。これを神様は預言者エレミヤを通して言われました。先祖がこうしたからしかたがないというのではなくて、人は、一人一人が責任を与えられていて、一人一人が責任を持って生きることを通して未来が開けていくのです。

人は自分の罪のゆえに死ぬ。(三一・三〇)

祖先がこうしたからこうならざるを得ないというのでなくて、人は自分の罪で死ぬのだ。自分がどう生きるかということに、現在と将来はかかっている。だから、宿命論から脱しなさい。わたしが将来を用意するから、一人一人が責任を持って決意して生きなさい。あなたがたは、自分の罪のゆえに死んではならない、というのが、神様が言われることなのです。

同じ言葉がエゼキエル書に出てきます。やがてバビロニアがやってきて、何千、何万という人を捕まえてユーフラテス川のほとりまで強制的に連行していきますが、そのユーフラテス川のほとりに住まわされた捕囚のイスラエルの人々にも、この言葉は大流行します。

エレミヤは祖国に残って、祖国の滅びを一緒に経験しながら将来の再建に備えます。他方、エゼキエルは捕囚の人々と一緒に行って、それで大流行したこの言葉を終わらせようとします(エゼキエル一八・二)。同じ時代に生きて、エレミヤは本国で、エゼキエルは捕囚の地で、同じ目的のために活動する。その大事な一つは、宿命論を終わらせるということです。

この宿命論というのは、昔だけではなくて、今も至るところにはびこっているものです。因果応報というのも同類です。宿命論や因果応報を乗り越えなければいけない。それをさせるために、エレミヤの呼びかけがあり、イエス様の働きがあるのです。

新しい契約

それで三一節です。「新しい契約」。やっと大事な言葉が出てきました。

見よ、わたしがイスラエルの家、ユダの家と新しい契約を結ぶ日が来る、と主は言われる。（三一・三一）

契約というのは、「神と神の民の命の結びつき」ということです。神様と神様に集められた人間が、命をもって、命を通わせて結びつけられている。これが契約ということです。冷たい形式的なことではなくて、命が交流するということが契約です。この契約はモーセを仲介者としてシナイ山で締結されました。これについては第六章で話しました。

ところが、その後の神の民イスラエルの歴史というのは、せっかく神様からいただいた大事な自分の立場、大事な自分の使命、大事な契約を損なって台無しにしてしまった。神様が願われたのとは、まったく正反対の悲しい現実を引き起してしまって、もう自分たちの力ではどうすることもできない。それを神様が見つめて、その現実の中に新しい契約を用意して再建する決意をされた。それが新しい契約ということです。

神は、ご自分の側から新しい契約を用意しようとされる。神から離れて命を失った人々を引き寄せて、命を満たして、自由に、責任を持って生きることができるように新しい契約を用意される――これが、神から示されてエレミヤが伝えた言葉でした。

「自由に」というのが大切です。神様を信じるというのは、わたしたちが自由にされることなのです。縛られることではないのです。世の中に気を遣うことから自由にされることが、福音を聞かされたということなのです。

教会から不自由を外していかなければいけない。教会というのは自由な空間でなければいけない。何かを気遣って、人を気にして、大事なことは後回しにする、それは教会が本来の命を失っていることです。自由にするために神様は契約を与えてくださった。前向きにされる、責任を持って生きるようにされる。これが契約ということです。

この新しい契約を実現してくださるのがイエス・キリストです。これは、エレミヤから六百年後に実現します。

この契約は、かつてわたしが彼らの先祖の手を取ってエジプトの地から導きだしたときに結んだものではない。（三一・三二）

出エジプトは紀元前一三世紀、はるか昔のことですが、それを土台としてイスラエルは歩んできたはずでした。しかしもう崩壊状態になっているので、神様が新しい契約によって神と人々の関係を再建すると言われるのです。

わたしが彼らの主人であったにもかかわらず、彼らはこの契約を破った、と主は言われる。しかし、来《きた》るべき日に、わたしがイスラエルの家と結ぶ契約はこれである、と主は言われる。すなわち、わたしの律法を彼らの胸の中に授け、彼らの心にそれを記す。わたしは彼らの神となり、彼らはわたしの民となる。（三一・三二～三三）

心に記される神の教え

契約ということを一言で言えばこうです。

わたしは彼らの神となり、彼らはわたしの民となる。（三一・三三）

これを、形とか、仕組みとかいうことだけでなくて、「わたしは彼らの神、彼らはわたしの民」というその契約の中身、内実を人の胸の中に授ける、と神が言われる。彼らの心にそれを記す。魂の中にその契約を刻みつける、心の中にそれを植えつける、と言われるのです。

神の言葉が知識として鮮明に分かるのみならず、それがわたしたちの心と体の中に生きて働くようになる。

神の言葉と言うときに、これはキリスト教信仰の二つの側面を意味します。わたしたちの信仰というのは、一つなのですが、二つの面を持っています。

一つは何かというと、それは「福音」。全部福音なのですけれど、狭い意味での福音。それは神様がわたしたちを愛し救ってくださること。これが福音です。

もう一つの面があります。それは、昔からの言い方では「律法」。今、三三節にも、

わたしの律法を彼らの胸の中に授け（三一・三三）

律法という言葉が出てきました。律法というのはわたしたちの生き方に関することです。「わ

たしたちは信じる者としてしっかりと生きる」ということ。別の言葉でいうと、倫理ということですが、キリスト教の中にはこの両方が含まれています。

神様がわたしたちを愛し救ってくださるという喜ばしいおとずれと、その喜ばしいおとずれに触れたわたしたちは、生き方が変えられていく。わたしたちの生き方、生活のありようまで造り変えていく、というのが福音にもとづく律法なのです。

恵みを受けるということが土台です。恵みを受けた土台の上に、その生き方が新しく変えられて、据えられていく。それを律法という言葉で聖書は言ってきました。エレミヤはこれを伝えています。

これを実現してくださるのは聖霊

さて、ここからまた新約聖書につながっていきます。

神様が「わたしの律法を、彼らの胸の中に授け、彼らの心にそれを記す」と言われましたが、これを実現してくださるのは聖霊なのです。

エレミヤ書は、直接、聖霊という言葉を出しませんが、これをはっきり表現する言葉が聖霊です。胸の中に神の言葉を授けて、心にそれを記すのは聖霊なのです。自分の知識とか、能力ではないのです。自分の能力や知識を神様は用いてくださいますが、わたしの信仰やわたしの知識。

そういうものの限界を超えるもの。わたしを分からせて、わたしの中に刻んで、わたしの中に働いてくださる。それが聖霊なのです。

聖霊が働いてくださって、初めてわたしたちは神を心の深みにおいて理解することができる。かつ神の情熱に動かされてしっかりと生きるようになる。聖霊がこのことをしてくださる——これは、イエス様が、最後の晩餐のときに非常にはっきり弟子たちに言い残されたことです。エレミヤ書は、イエス様の最後の晩餐につながります。

ヨハネによる福音書を開けてみましょう。

しかし、弁護者、すなわち、父がわたしの名によってお遣わしになる聖霊が、あなたがたにすべてのことを教え、わたしが話したことをことごとく思い起こさせてくださる。（ヨハネ一四・二六）

神様がお遣わしになる聖霊が、あなたがたにすべてのことを教える。聖霊が教えてくださるので、わたしたちは神様のことがはっきり分かるようになるのです。

学ぶ、知るということは大事ですが、それが本当の意味で、わかって、わたしたちの心に宿って、信仰が自分の心と体の中で生きて働くようになるのは、聖霊が教えてくださって、はっきり分からせてくださってそうなるのです。「聖霊がすべてのことを教え、わたしが話したことをことごとく思い起こさせてくださる。」弟子たちは、イエス様と一緒に過ごしたのは二、三年です。それがものすごい影響力を残すことになります。

イエス様と直接共に過ごしたわずかの年月の間に聞いた言葉、経験した出来事はいろいろありましたが、本当の意味でそれがどういうことなのか、は十分分かっていませんでした。聞いたし、学んだし、見たけれども十分理解していなかった。けれども、聖霊が、イエス様と一緒に経験したこと、イエス様から聞いた言葉の本当の意味と力を思い起こさせて、分からせてくれるというのです。

聖霊が、わたしが話したことをことごとく思い起こさせてくださる。（ヨハネ一四・二六）

イエス様が語られたあの言葉はこういう意味であったのかということを、聖霊が分からせてくださる、思い起こさせてくださるのです。

もう一箇所、一五章で同じことが言われています。このことは非常に大切だったので、イエス様は一四章だけではなくて、一五章でももう一度言われます。

わたしが父のもとからあなたがたに遣わそうとしている弁護者、すなわち、父のもとから出る真理の霊が来るとき、その方がわたしについて証しをなさるはずである。（ヨハネ一五・二六）

わたしというのはイエス様ご自身のことです。弟子たちは二年、三年、一緒に過ごしたけれど、もう一つイエス様のことを十分はっきりと分かってない。けれども、真理の霊、聖霊が来てくださるとき、「わたしについて」、イエス様が何者であるかということを、はっきり示してくださる。

「証しをする」というのは、命をかけて分からせてくださるということです。証しというのは、裁判の証言です。その証人が正しいこと、真実を言うかどうかに、人の命がかかっています。聖霊がイエス様についてはっきりと証言して、分からせて、光を与えて、イエス様を生き生きと示してくださる、その方、聖霊がそうしてくださる。

あなたがたも、初めからわたしと一緒にいたのだから、証しをするのである。（ヨハネ一五・二七）

これが、さきほどの福音と律法ということに関係してきます。

「聖霊がイエスについて、神様についてはっきりと分からせてくださる。」それだけで終わらない。「あなたがたも、福音を聞いたあなたがたも、証しをする。」あなたがたも神様をあらわす生活をするようになる。聖霊がそのことをさせてくださるのです。自分の能力、力、知識ではとてもできない。聖霊がそのことをさせてくださる。

心に記される律法という新しい契約をエレミヤが告げたのですが、これを実現していかれるのは、新約聖書でいうところの聖霊なのです。

救い主の降誕

今日のエレミヤ書第三一章、「新しい契約」の締めくくりとして、これがクリスマスにつながるということで結びにします。

「エレミヤを通して告げられた新しい契約、言いかえると神の決定的な救いの働きが、聖霊によって開始された。クリスマスの出来事というのは、聖霊によって始まったのだ」ということです。

聖書を開いて確かめます。ルカによる福音書のクリスマス物語の大事な一つを見てみましょう。天使ガブリエルのマリアに対するお告げの箇所です。

六か月目に、天使ガブリエルは、ナザレというガリラヤの町に神から遣わされた。ダビデ家のヨセフという人の、いいなずけであるおとめのところに遣わされたのである。そのおとめの名はマリアといった。

天使は、彼女のところに来て言った。「おめでとう、恵まれた方。主があなたと共におられる」。マリアはこの言葉に戸惑い、いったいこの挨拶は何のことかと考え込んだ。すると、天使は言った。「マリア、恐れることはない。あなたは神から恵みをいただいた。

あなたは身ごもって男の子を産むが、その子をイエスと名付けなさい。その子は偉大な人になり、いと高き方の子と言われる。神である主は、彼に父ダビデの王座をくださる。彼は永遠にヤコブの家を治め、その支配は終わる事がない。」マリアは天使に言った。「どうして、そのようなことがありえましょうか。わたしは男の人を知りませんのに。」天使は答えた。「聖霊があなたに降《くだ》り、いと高き方の力があなたを包む。だから、生まれる子は聖なる者、神の子と呼ばれる。あなたの親類のエリサベトも、年をとっているが、男の子を身ごもっている。不妊の女と言われていたのに、もう六か月になっている。神にできないことは何一つない。」マリアは言った。「わたしは主のはしためです。お言葉どおり、この身に成りますように。」そこで、天使は去って行った。（ルカ一・二六〜三八）

三五節に聖霊という言葉が出ました。

聖霊があなたに降り、いと高き方の力があなたを包む。（ルカ一・三五）

マリアが聞かされたことは、ものすごいことだったのです。婚約中のヨセフがいて、そのヨセフとは関係のない子どもを身ごもる。これは律法で言えば、石打の刑に値する、そういう問題なのです。考えられない、受け入れがたいことを、マリアは聞かされた。しかし、それは神様の救いの業《わざ》があなたを通して具体的に始まっていくのだから「おめでとう」と言われたのですが、聞いたほうのマリアとしては、全然めでたくない。恐怖、当惑、困惑です。

けれども、天使ガブリエルが、「男の子をあなたは産んでイエスと名付けなさい。その方を通して神様はこの世界を治められる」と言った。

マリアが天使に言います。

どうしてそのようなことがありえましょうか。わたしは男の人を知りませんのに。（ルカ一・三四）

これが、人間の現実、人間の限界、人間の範囲です。そんなことはありえない。けれど、人間のその限界を聖霊が超えさせるのです。天使は、いろいろたくさん説明しません。

聖霊があなたに降り、いと高き方の力があなたを包む。（ルカ一・三五）

これだけなのです。聖霊がそのことをしてくださる。

だから、生まれる子は聖なる者、神の子と呼ばれる。（ルカ一・三五）

三八節は、マリアの決意の表現です。信仰告白と言ってもよい決意表明です。

マリアは言った。「わたしは主のはしためです。お言葉どおり、この身に成りますように。」（ルカ一・三八）

もしかしたら、石打の刑で殺されるかもしれないような恐ろしいことを、神様の恵みの業、わたしを通して神様が働かれることとして、マリアは引き受けました。

お言葉どおり、この身に成りますように。（ルカ一・三八）

マリアは非常に積極的な決意をしたのです。このことを引き受けて、このことのためにわたしは一生を捧げる。どんな恐ろしいことがあっても、わたしはこのことを受け入れて、そのとおりに生きる。

これをさせたのが聖霊です。聖霊があなたに降り、聖霊がマリアに降って、赤ちゃんが与えられた。と同時に、その赤ちゃんを宿したマリア自身の中に、神様を信じて生きるという決意が生まれた。マリア自身の生き方がはっきりしたのです。マリアの中に神様を信じる新しい人が生まれた。それをなしたのは聖霊です。

新しい契約をエレミヤが預言をしたのですが、それが現実になるのがイエス・キリストの誕生です。そのイエス・キリストの誕生をもたらし、かつマリア自身を新しく誕生させたのは聖霊なのです。

聖霊があなたに降り、いと高き方の力があなたを包む。(ルカ一・三五)

エレミヤ書第三一章の新しい契約の預言は、聖書の一番中核、新約聖書の中核につながっています。しかもそれがクリスマスの意味に通じています。

神様の言葉と霊がわたしたちにも働いてくださいますように。

あとがき

京都復活教会の聖書研究会でエレミヤの話を始めたのは、二〇〇四年一月二〇日でした。牧師館集会室の畳の部屋で机を囲んで、毎回一〇名ほどの熱心な方々が月一回の集まりに参加されていました。

当時わたしは五〇代前半。数年患ったうつ病から次第に回復してきていた頃でした。京都復活教会の牧師と復活幼稚園園長を兼ねて多忙な日々を過ごしつつ、自分の魂の枯渇を感じることがあり、また教会にとっても「神の霊」「聖霊」についての理解を深める必要を強く感じていました。そこで前年の二〇〇三年五月から「神の霊について」の話を始め、旧約聖書の初めのほうから関連箇所をたどっていきました。そうしてやがてその関心の中で、「エレミヤ書」を取り上げることになったのです。本文中にやや唐突に「霊」についての言及がしばしば出てくるのは、そういう背景があります。

エレミヤの話はおよそ一年の間に一〇回を重ねて、二〇〇四年一二月一四日に終わりました。第一〇章でクリスマスと聖霊について話しているのは、ちょうど時期がその頃だったからでもあります。

思い返せば、わたしの預言者エレミヤへの関心は学生時代にさかのぼります。学園紛争のまっただ中、教会にも青年による「教会革新運動」の嵐が吹き荒れていました。わたしは幼い頃からの素朴な信仰が揺らいで神様を見失い、魂の彷徨のうちにありました。何とか生きるための確かな手がかりを見出したいと哲学書、思想書を持ち歩きました。同時に、聖書の中に生きた神の言葉があるのなら、何としてもそれと出会いたいと切望していました。そうした頃、わたしの心から離れなかったのは、「主よ、わたしがあなたと論じ争う時、あなたは常に正しい。しかしなお、わたしはあなたの前に、さばきのことを論じてみたい。悪人の道がさかえ、不信実な者がみな繁栄するのはなにゆえですか」（エレミヤ書第一二章一節。日本聖書協会口語訳）というエレミヤの嘆きの訴えでした。

わたしは一方で自分のメールアドレスに「イザヤ」を用いるほどに、預言者イザヤとイザヤ書を愛していますが、心情的にはエレミヤにもっとも近いものを感じます。エレミヤの嘆きはわたしの嘆き、エレミヤの涙はわたしの涙のように思えてしまうのです。今回原稿を整えながらあらためてエレミヤに思いを馳せたとき、わたし自身は彼のように命に関わる迫害や極度の孤立を経験はしてこなかったものの、しかしささやかながらも同質の苦しみを味わわなかったわけではないことを告白したい気がします。と同時に、自分の不忠実や不徹底を思わずにはいられません。

あとがき

エレミヤ書をともに読んだ京都復活教会での聖書研究会からはすでにおよそ一五の歳月が流れました。いま鮮明に思い出すのは、あの集まりの中で何度か、間近にエレミヤ自身が立って語っているような気がしたことです。集会のために用意したのは、毎回一頁程度のレジュメでした。しかし参加者の中に毎回録音をしてくださる方があって、それが歳月を経てこのような形になりました。不思議な恵みを思わずにはいられません。

録音をしてくださった辻道子さん、後にテープ起こしをしてくださった山﨑理恵子さん、そして原稿の整理と校正をしてくださった丹千恵子さんに心から感謝申し上げます。また企画段階からお世話になり、忍耐強く完成にまで導いてくださったかんよう出版の松山献代表には特にお礼を申し上げます。

二〇一九年一二月一日　降臨節第一主日

井田　泉

著者紹介
井田　泉（いだ・いずみ）
1950 年、滋賀県大津市生まれ。大阪外国語大学朝鮮語学科卒業。同志社大学大学院神学研究科修士課程修了。聖公会神学院卒業。1979 年、司祭按手。
日本聖公会下鴨基督教会牧師、立教大学文学部助手、聖公会神学院教員、京都復活教会牧師、京都聖三一教会牧師を歴任。
現在、日本聖公会奈良基督教会牧師、親愛幼稚園園長。
ホームページ　https://johnizaya.com/
＜著書＞
『主の祈り』（下鴨基督教会、1982 年）
『日韓キリスト教関係史資料Ⅱ』（共編、新教出版社、1995 年）
『これが道だ、これに歩め――イザヤ書による説教』（かんよう出版、2012 年）
＜論文・講演＞
「安重根とキリスト教」、「『基督教週報』に見る紀元節大礼拝（1939 年）」、「日韓キリスト教史と祈り」、「神社参拝問題と朱基徹の説教」（土肥昭夫教授退職記念論文集『キリスト教と歴史』新教出版社、1997 年 所収）ほか。

あなたは何を見るか　― エレミヤ書講話 ―

2019 年 12 月 25 日　発行

著　者　井田　泉
発行者　松山　献
発行所　合同会社 かんよう出版
〒 550-0002 大阪市西区江戸堀 2-1-1 江戸堀センタービル 9 階
電話 06-6556-7651 FAX 06-7632-3039　http://kanyoushuppan.com
装　幀　堀木一男
印刷・製本　亜細亜印刷株式会社

ISBN 978-4-910004-10-5　C0016　Printed in Japan